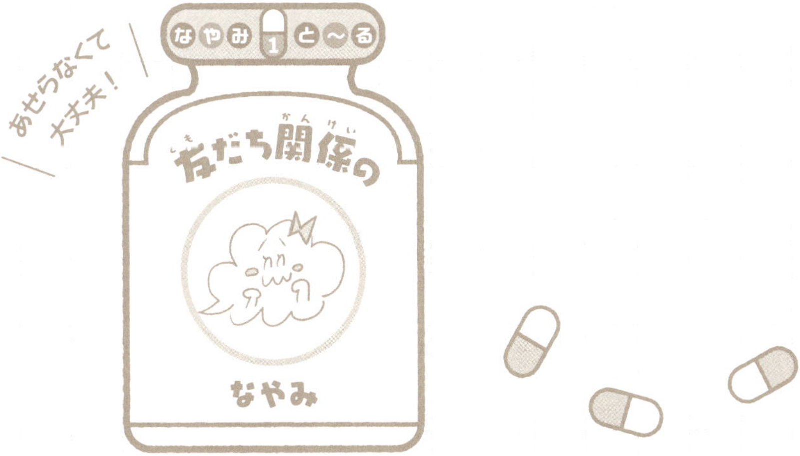
あせらなくて
大丈夫！
なやみ 1 と〜る
友だち関係《かんけい》の
なやみ

なやみ1と〜る

友《とも》だち関係《かんけい》のなやみ

小学校教諭
北川雄一・監修 ／ 梶塚美帆・文 ／ つぼいひろき・絵

岩崎書店

はじめに

これを読《よ》んでいるきみ、この本《ほん》をひらいてくれてありがとう。
今《いま》、何年生《なんねんせい》の何学期《なんがっき》ですか？　新《あたら》しい学年《がくねん》になったばっかり？
それとも、すっかりクラスになれてきたころかな？

学校生活《がっこうせいかつ》っていろいろあるよね。
なかでも友達関係《ともだちかんけい》でなやむことって少《すく》なくないんじゃないかな。
新《あたら》しいクラスになると、友達《ともだち》ができるかなってドキドキするし、
友達《ともだち》ができたらできたで、ケンカしちゃったり、すれちがったり。
なかよしグループに入《はい》ったけれどしっくりこない、
仲間《なかま》はずれにされているかも……
などなど、なやみはつきないよね。

クラスメイトは、自分《じぶん》でえらんだわけじゃないから、
好《す》きな人《ひと》もいれば、にがてな人《ひと》もいる。
一日中《いちにちじゅう》いっしょにすごすと、
トラブルもおこるだろうし、なやみもでてくる。
そこでこの本《ほん》では、友達関係《ともだちかんけい》でなやんだことのある先輩《せんぱい》たちや、
学校《がっこう》の先生《せんせい》とたくさん話《はな》し合《あ》って、
よくあるなやみからめずらしいなやみまで、
その解決《かいけつ》のヒントを集《あつ》めました！
ナビゲーターの「もじもじちゃん」といっしょに、
ひとつひとつ、困難《こんなん》をのりこえていく主人公《しゅじんこう》、
「ますみん」と「ひろくん」の成長《せいちょう》を見《み》ながら、
学校生活《がっこうせいかつ》のヒントを見《み》つけてもらえたらうれしいです！

もくじ

登場人物《とうじょうじんぶつ》

ひろ

ますみんのふたごの兄《あに》。
のんきな性格《せいかく》。
元気《げんき》がとりえ。

ますみ

小学《しょうがく》5年生《ねんせい》。
はずかしがりやでおとなしい
女《おんな》の子《こ》。あだ名《な》は「ますみん」。

ドキドキのクラスがえ!

ただいま〜!
おかえり〜
うわっ、ますみん、どうしたの?
どよ〜ん
バッ
五年生
新クラス表
クラスがえで、友達《ともだち》全員《ぜんいん》とはなれちゃったの
友達《ともだち》なんてすぐできるだろ〜

男《おとこ》はのんきでいいよね！
ク、クラスがえなんて楽勝《らくしょう》だ
ひろはクラスがえ、お友達《ともだち》といっしょになれたのね
……
ギクッ
どうしたの？
ひろがだまってるなんて、めずらしい
じつは……
もじもじ
にがてな岩崎《いわさき》くんとおなじクラスだし、
4年生《ねんせい》のときとちがって、おとなしい子《こ》が多《おお》いみたいなんだ
やーねー、すぐになかよくなれるわよ
お母《かあ》さんはのんきでいいよね！

その日《ひ》の夜《よる》…
明日《あした》、学校《がっこう》に行《い》きたくないっ
はぁ～
もく もく
もく もく
うわぁ、なんだ！
もく もく
もく もく
もく もく
もく もく
ゲホ
ゲホ
もこ
もこ
もこ
もこ
ゴゴゴ
ゴゴゴ
ぎゃーっ、何《なに》、これ！
わたしはもじもじちゃん
ふたりのため息《いき》の中《なか》から出《で》てきたの
もじ
もじ

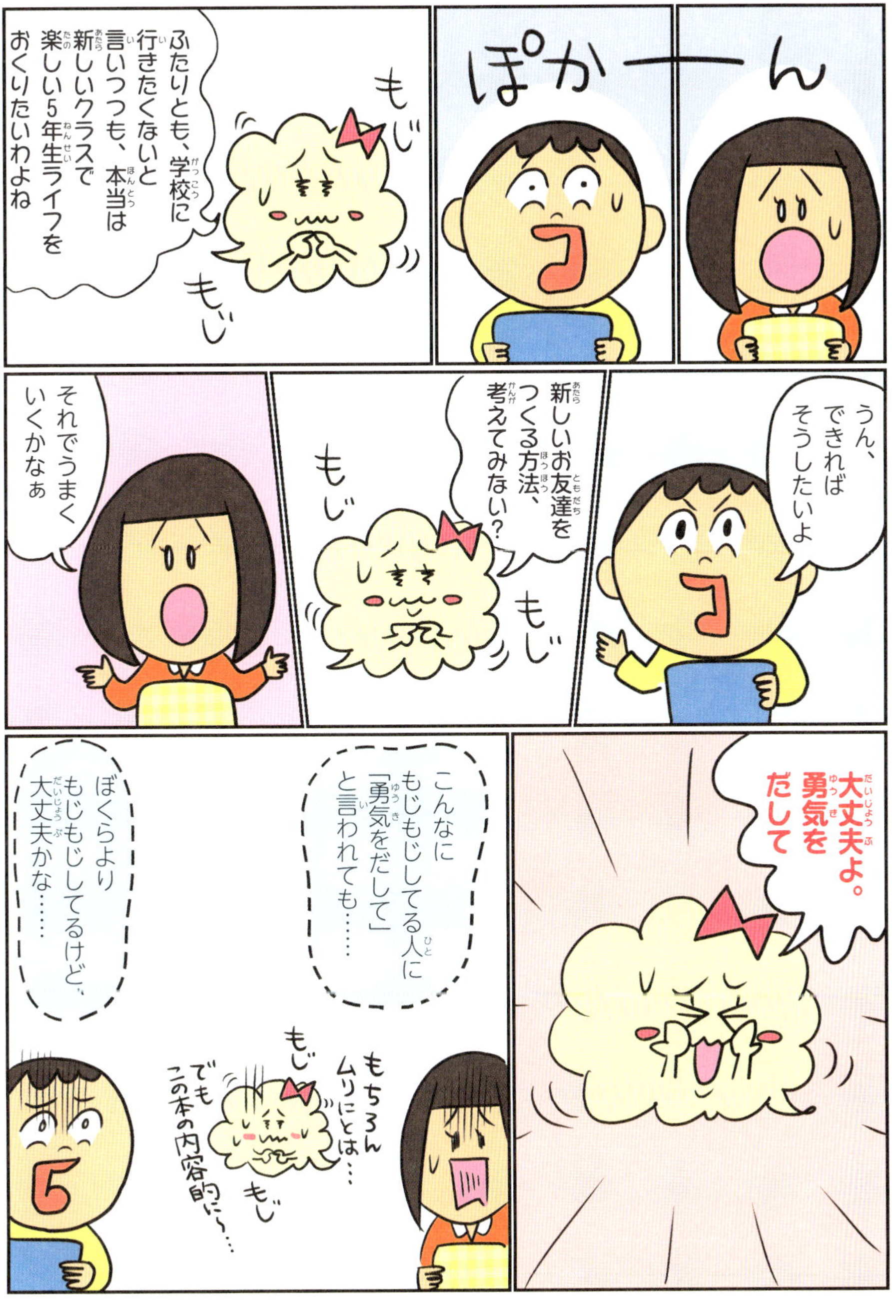
ぽか――ん
ふたりとも、学校《がっこう》に行《い》きたくないと言《い》いつつも、本当《ほんとう》は新《あたら》しいクラスで楽《たの》しい5年生《ねんせい》ライフをおくりたいわよね
もじ
もじ
うん、できればそうしたいよ
新《あたら》しいお友達《ともだち》をつくる方法《ほうほう》、考《かんが》えてみない？
もじ
もじ
それでうまくいくかなぁ
大丈夫《だいじょうぶ》よ。勇気《ゆうき》をだして
こんなにもじもじしてる人《ひと》に「勇気《ゆうき》をだして」と言《い》われても……
ぼくらよりもじもじしてるけど、大丈夫《だいじょうぶ》かな……
もちろんムリにとは…
もじ
でもこの本の内容的に～…
もじ

クラスがえで、友達《ともだち》とはなればなれになったら――
新《あたら》しい友達《ともだち》はできるのかな？
休《やす》み時間《じかん》、どうすごそう。
クラスできらわれちゃったらどうしよう。
友達《ともだち》ができる前《まえ》に、先生《せんせい》に
「ふたり組《ぐみ》つくって」って言《い》われたら、どうしたらいいの？
きっと、不安《ふあん》でいっぱいだよね。
でも、あせらなくていいんだよ。
だって、今《いま》までも友達《ともだち》ができたし、
楽《たの》しく遊《あそ》んでいたでしょう？
ますみんと、ひろくんと、ちょっとたよりない
もじもじちゃんといっしょに友達《ともだち》づくりを楽《たの》しもう！

第《だい》1章《しょう》

友達《ともだち》になる きっかけをつくろう

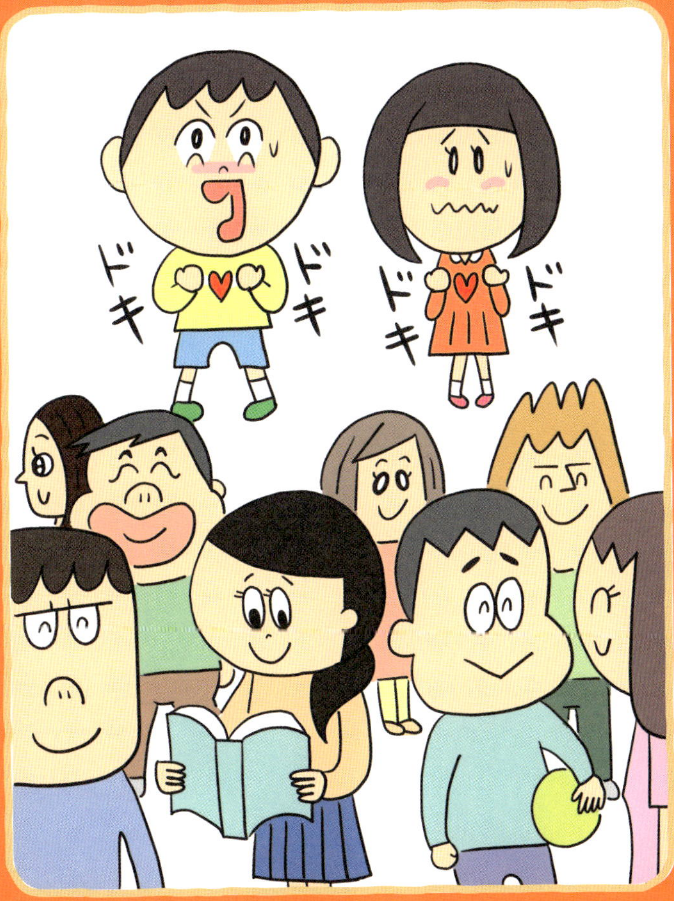

友達《ともだち》づくりの基本《きほん》は、あいさつ！

じゃあ、がんばってね〜！
ハァ…
ひろくんはいいなぁ、明《あか》るいし
ガタッ
ワイ
ワイ
ワイ
話《はな》しかけられそうな人《ひと》がいない
よっ、おっはよ！
おはよーん
みんなもう友達《ともだち》どうしなのかなぁ
どうしたら、友達《ともだち》ができるの!?

思《おも》いきって、あいさつしてみて！

おはよう

朝《あさ》、校門《こうもん》や教室《きょうしつ》で「おはよう」って言《い》おう。あまり話《はな》したことがない相手《あいて》でも、勇気《ゆうき》をだして。ぐっと距離《きょり》がちぢまるよ。

バイバイ

手《て》をふってみるだけでも気持《きも》ちは伝《つた》わるよ。学校《がっこう》の外《そと》で会《あ》ったときもやってみてね。

にっこり、わらって！

ちょっと遠《とお》くにいて声《こえ》がとどきそうにないときや、声《こえ》を出《だ》すのがはずかしいときは、にっこりして頭《あたま》をちょっと下《さ》げたり、首《くび》をかしげたりするだけでもOK!

まずは「おはよう」と「バイバイ」から、はじめてみたらかんたんよ。

あいさつができたら、話《はな》しかけてみよう

ふたりとも、あいさつはうまくいったみたいね
ひとまず、あいさつはうまくいった!
あ、あの子《こ》、見《み》たことある。話《はな》しかけたいな
でも、わたしが入《はい》ったらじゃまかなぁ……
もじ
もじ
どんなタイミングで、どんな言《こと》葉《ば》で、話《はな》しかけたらいいの〜!

話《はな》しかけられたら、だれでもうれしいよ!

お天気《てんき》の話《はなし》はかんたん!

行事《ぎょうじ》の話《はなし》はもりあがる!

先生《せんせい》の話《はなし》をきいて わからないことがあったら

「教《おし》えて」って言《い》って、話《はな》しかけるネタに使《つか》っちゃえ。「わたしもよくわからない」って相手《あいて》が言《い》っても、それが話《はな》すきっかけになればよし!

不安《ふあん》を、うちあけちゃえ

不安《ふあん》な気持《きも》ちをわかりあえたら、一気《いっき》にうちとけあえるよ。自分《じぶん》の話《はなし》だけではなく、相手《あいて》の話《はなし》もきいてあげよう。

はじめて話《はな》すときは、だれでもドキドキするもの。気楽《きらく》に話《はな》せる話題《わだい》ならなんでもOK。がんばって!

友達《ともだち》ができやすくなる自己紹介《じこしょうかい》って？

始業式《しぎょうしき》のあとは、自己紹介《じこしょうかい》をしてもらいます
ええ～！
どんなことを話《はな》すか、考《かんが》えておいてね
どうしよう……
自分《じぶん》をアピールして、友達《ともだち》になってもらえるようにしたいな……
友達になろー！
ワイワイ
でも、ひろくんとちがって習《なら》いごともしてないし、しゅみもないよぉ～
何《なに》を言《い》えばいいの～

アドバイス

話《はな》しかけられやすくなる自己紹介《じこしょうかい》をしてみるといいよ！

会話《かいわ》のきっかけになりそうなことを言《い》うといいよ。
きょうみをもたれるような、話《はな》しかけたくなるようなことはこんなこと！

あだ名《な》

「ますみ」なので「ますみん」とよばれています♡

あだ名《な》でよびあえたら、なかよくなるのも早《はや》いかも。

休《やす》み時間《じかん》や放課後《ほうかご》のすごし方《かた》

休み時間はドッジボールをするのが好きです
図書館によく行っています

「あ、わたしも！」という子《こ》が、さそいやすくなるよ。

今《いま》、きょうみをもっていること

アイドルの〇〇君がすきです♡
わたしも♡
わたしも♡

気《き》の合《あ》う子《こ》が見《み》つかりやすくなるよ。

友達募集中《ともだちぼしゅうちゅう》のアピール

新しい友達をたくさんつくるのが楽しみです!!
友達募集《ぼしゅう》中

アピールってだいじ！　話《はな》しかけられやすくなるよ。

ほかの人《ひと》の自己紹介《じこしょうかい》も、しっかりきこうね。なかよくなるきっかけが見《み》つかるはずだよ！

レッツ・トライ！

新《しん》学《がっ》期《き》、こんなタイミングで話《はな》しかけてみよう

1
ワイ　ワイ
ぽつん…
話《はな》したことないけど、あいさつをしてみよう
ワイワイ
ガヤガヤ
でも、いつ声《こえ》をかけたらいいのかなぁ
おはよう！
ビクッ
お、おはよう

チャンス！

席《せき》が近《ちか》い子《こ》は、話《はな》しかけるチャンスが多《おお》い！
同《おな》じ班《はん》やグループになる確率《かくりつ》が
高《たか》いから、友達《ともだち》になれそう。

ドンマイ!

ますみん、おしい！
でも、会話《かいわ》が続《つづ》かなくても、あせらなくていいよ！
まだまだチャンスはたくさんあるから、落《お》ちこまないで。

2
……
?
……
あ、ゆいちゃんも同《おな》じクラスだったんだ!
また同《おな》じだね、よろしく～
あぁっ、べつの人《ひと》と話《はな》しはじめちゃった……
キーンコーンカーンコーン
これから始業式《しぎょうしき》でーす。廊下《ろうか》にならんで～!

レッツ・トライ！

3

ワイワイ
ガヤガヤ
静《しず》かに〜！
ねぇ、ますみちゃんだよね？
去年《きょねん》オレ、ひろくんと同《おな》じクラスだったんだ
ひでとくん？
ひろくんがよく家《いえ》で話《はな》してたよ

チャンス！

男《おとこ》の子《こ》にも女《おんな》の子《こ》にも、
話《はな》しかけてみよう。

チャンス！

みんなの自己紹介《じこしょうかい》をしっかりきこう。
自分《じぶん》と共通点《きょうつうてん》はあるかな？
どんなふうに話《はな》しかけるかイメージしてみて！

4
いっぽう、ひろくんの教室《きょうしつ》では…
自己紹介
よろしくお願《ねが》いします
次《つぎ》、林《はやし》くん
パチ
パチ
パチ
パチ
パチ
パチ
パチ
林《はやし》ゆうたです
サッカーを習《なら》っています
住《す》んでいるのは丘町《おかまち》3丁目《ちょうめ》です
よろしくお願《ねが》いします
パチ
パチ
パチ
パチ
あ、ぼくの家《いえ》の近所《きんじょ》！
しかもサッカー習《なら》ってるんだ……

レッツ・トライ！

5

キーンコーンカーンコーン
起立《きりつ》！礼《れい》！
よし！林《はやし》くんに話《はな》しかけてみよう！
ねえ、3丁目《ちょうめ》に住《す》んでいるの？
うん
ひろくんのこと帰《かえ》り道《みち》で見《み》たことある！
そうだったんだ
ねえ、始業式《しぎょうしき》の校長先生《こうちょうせんせい》の話《はなし》さぁ、長《なが》かったよね
あはは、そうだね

チャンス！

始業式《しぎょうしき》の感想《かんそう》や、担任《たんにん》の先生《せんせい》のことなど、共通《きょうつう》の話題《わだい》で楽《たの》しく話《はな》せるかも！

チャンス！

「いっしょに帰《かえ》ろう」「バイバイ」「また明日《あした》」……
帰《かえ》り道《みち》で会《あ》った友達《ともだち》に、話《はな》しかけてみよう。

6
なんとか一日《いちにち》がおわったー
あ、ひろくん！今帰《いまかえ》るところ？
うん。いっしょに帰《かえ》ろう
あ、同《おな》じクラスのはなちゃんだ
帰《かえ》るの同《おな》じ方向《ほうこう》なのかな
はなちゃん、あのぉ……
あ、ますみちゃんもお家《うち》こっちなの？
いっしょに帰《かえ》ってもいい？
うん！
これで4人パーティだ！

ますみんもひろくんも、
今日《きょう》でなかよくなるきっかけを見《み》つけたみたいね。
明日《あした》からもチャンスはあるよ！　あせらないでね。

新《あたら》しいクラスで、自分《じぶん》から話《はな》しかけた？

参加《さんか》メンバー

ひな
自分《じぶん》から話《はな》しかける

みさき
話《はな》しかけるのはにがて

すぐる
話《はな》しかけるのはにがてだったけど、あることがきっかけで、自分《じぶん》から話《はな》しかけるようになった

すぐる 新学期《しんがっき》の新《あたら》しいクラスってきんちょうするよね。

みさき クラスがえって、不安《ふあん》でしょうがないよ。だから、みんなはどんな気持《きも》ちなのか、知《し》りたい！

ひな わたしも始業式《しぎょうしき》のときはきんちょうするなぁ。でも、1～2週間《しゅうかん》ぐらいたつと、ワクワクしてくるかも！

すぐる ええっ、どうして？

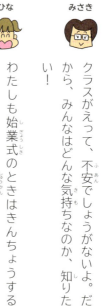

ひな
席《せき》が近《ちか》い子《こ》とか、帰《かえ》る方向《ほうこう》がいっしょの子《こ》とかと少《すこ》しずつ話《はな》せるようになってきて、友達《ともだち》ができてくるのが楽《たの》しい。

みさき
すごーい。ひなちゃんは、自分《じぶん》から話《はな》しかけるタイプ？

ひな
クラスに慣《な》れてきたら、そうなるかな。

すぐる
ぼく、前《まえ》のクラスがえのときに友達《ともだち》と分《わ》かれて不安《ふあん》だったんだけど、ひなちゃんみたいなタイプの子《こ》が話《はな》しかけてくれて、すごくうれしかったなぁ。

ひな
どんなふうに話《はな》しかけられたの？

すぐる
「同《おな》じ幼稚園《ようちえん》だった、すぐるくんだよね」って。

みさき
共通点《きょうつうてん》があったんだね。

すぐる
クラスで友達《ともだち》ができていったのは、その子《こ》のおかげ。それからは、ぼくもなるべく自分《じぶん》から話《はな》しかけるようにしているんだ。

ひな
みさきちゃんは、どんなことが不安《ふあん》なの？

みさき
不安《ふあん》はいっぱいあるよ！　なかよしグループに入《はい》れるかなぁとか、気《き》の合《あ》う子《こ》はいるかなぁとか……。

ひな
それ、わたしも思《おも》う！

みさき
それに、まわりのみんながなかよさそうに見《み》えて、自分《じぶん》だけがひとりだって思《おも》っちゃうんだよね。

すぐる
前《まえ》のクラスが楽《たの》しかったときは、またあんなふうにすごせるかなぁって不安《ふあん》になったりするし。

みさき そうそう！　でもさ、自分《じぶん》から話《はな》しかけるタイプのひなちゃんも、おなじように不安《ふあん》に思《おも》ってるんだね。

ひな あたりまえだよ～！

ドキ
ドキ

みさき あと最初《さいしょ》は、話《はな》しかけられたときに、「上手《じょうず》にかえせたかな」とか、「冷《つめ》たい感《かん》じでかえしちゃったかな」とか、考《かんが》えちゃう……。

すぐる わかるわかる、少《すこ》し落《お》ちこむよね。でも、自《じ》分《ぶん》が逆《ぎゃく》の立場《たちば》だったら、あまり気《き》にしないかも。

ひな わたしだったら、もし冷《つめ》たくかえされても、そのときは「あっ……」ってショックかもしれないけど、10秒《びょう》たったらわすれちゃう(笑《わらい》)。

みさき そっかぁ、そんなに深《ふか》く考《かんが》えなくていいのかなぁ。

すぐる そうだよ！

ひな それに、話《はな》しかけられたら、だれだってうれしいと思《おも》うな。友達《ともだち》グループでいる子《こ》たちには話《はな》しかけづらいかもしれないけど、その子《こ》たちも友達《ともだち》がふえたらうれしいはずだし。

すぐる こおりオニやドッジボールをするときに、人数《にんずう》が集《あつ》まるとたすかる(笑《わらい》)。

ドッジボールやる人ー！
ハイ
ハイ

ひな でもみさきちゃんは、今《いま》までのクラスで友達《ともだち》がいたんだよね。

みさき うん、今《いま》も親友《しんゆう》だよ。

すぐる だったら、「話《はな》しかけなくちゃ！」って無理《むり》をしなくても、自然《しぜん》と友達《ともだち》ができるってことじゃない？

みさき そうかも！　なんか、不安《ふあん》がなくなってきた。

ひな 「なかよくなりたい」っていう気持《きも》ちでいれば大丈夫《だいじょうぶ》ってことかもね。

みさき それなら、わたしでも、できそうな気《き》がしてきた！

早《はや》く友達《ともだち》ができた子《こ》や、積極的《せっきょくてき》に話《はな》せる子《こ》が、目立《めだ》つことが多《おお》いかもしれない。でも、「だれかとなかよくならなきゃ！」って、あせらなくてもいいよ。だって、無理《むり》せず自然《しぜん》になかよくなった人《ひと》の方《ほう》がいい友達《ともだち》でいられるから。「友達《ともだち》をつくりたい」っていう気持《きも》ちでいれば、なかよくなれる人《ひと》があらわれるよ。

チャンスは、そこらじゅうにころがっている！

クラスがえや新学期《しんがっき》など、新《あたら》しい生活《せいかつ》がはじまるとき。

「友達《ともだち》ができるかな」って、不安《ふあん》になるよね。「上手《じょうず》に話《はな》しかけられるかな」って、心配《しんぱい》になるよね。

わかる！

そう思《おも》っているのはみんないっしょ。だれだってきんちょうしているよ。最初《さいしょ》はドキドキして、ぎこちなくなってしまうもの。

でも、今《いま》までだって新《あたら》しい友達《ともだち》ができていたんじゃないかな？

だから、あせらなくて大丈夫《だいじょうぶ》。チャンスはいくらでもあるんだ。

ふだんの生活《せいかつ》の中《なか》に、なかよくなるきっかけはころがりまくっているし、遠足《えんそく》や運動会《うんどうかい》などの行事《ぎょうじ》のときはとくにチャンス。みんなのきずなが強《つよ》まったり、同《おな》じ思《おも》い出《で》ができたりするよ。

チャンスはまだまだある。

そう考《かんが》えたら、あせる気持《きも》ちはなくなるんじゃないかな。肩《かた》の力《ちから》をぬいていってね。

第《だい》2章《しょう》

友達《ともだち》の
つくり方《かた》って？

なかよくなるには、どうすればいいの？

少《すこ》しずつ話《はな》せるようになってきたな♪
でも、もっとなかよくなるにはどうしたらいいんだろう……
だんだんなかよしグループができてきたし、どこにも入《はい》れなかったらどうしよう。
ひろくんも、友達《ともだち》と会話《かいわ》がはずまないってなやんでたけど、本当《ほんとう》かなぁ。
ひろくんなんて、なやみがなさそうなのに……
きいてくれよ！
いたいた

オレ、サッカー習《なら》ってるんだけどさ！
ベラ
ベラ
このあいだの試合《しあい》でシュートをキメてさ、そのおかげで勝《か》ったんだ！
超強烈シュート
ベラ
ベラ
今日《きょう》も放課後《ほうかご》に練習《れんしゅう》があるんだけど、新《あたら》しいコーチが超《ちょう》キビシイ人《ひと》でさ
でも、オレのことはみとめてるみたいでー
もうやんなっちゃうよー♡
…あ、ぼく、トイレに行《い》ってくる
まだとちゅうなのに……
見てはいけないものを…
ホッ
どうりで会話《かいわ》がはずまないわけだ……（汗《あせ》）

会《かい》話《わ》の基《き》本《ほん》って、何《なに》？

見《み》ちゃった……
このありさまだよ……
ハァ
もじもじちゃん！
ふたりとも、会話《かいわ》について難《むずか》しく考《かんが》えすぎじゃないかしら
お呼《よ》び～？
ぽん
でも、難《むずか》しいよ……
もじもじ
会話《かいわ》でだいじなことは、たったひとつなの！
ひとつだけ～!?
それは、ハート！
相手《あいて》の気《き》持《も》ちを考《かんが》えること！

会話《かいわ》の基本《きほん》は「相手《あいて》の気持《きも》ちを考《かんが》えること」

あなたなら、どの返事《へんじ》がうれしい？　相手《あいて》の立場《たちば》に立《た》って、考《かんが》えてみてね。

ぼく、サッカーを習《なら》ってるんだ

good!

いいなぁ
楽《たの》しそうだね！

いつから
習《なら》ってるの？

？

えー、サッカー
きょうみないなぁ

サッカーなんて
何《なに》がおもしろいの？

お気《き》に入《い》りのハンカチを落《お》としちゃった

good!

かわいかったのに、
残念《ざんねん》だね

見《み》つかるといいね

？

へえ〜、それで？

そんなことより、
きいてよ〜

あなたは、どの返事《へんじ》がうれしいと思《おも》った？
相手《あいて》の気持《きも》ちによりそうことが大切《たいせつ》だよ。

どんな会話《かいわ》をしたらいい？

おはよう
おはよう
あっ
……
えーっと
チーーン
あいさつのあと、もっと話《はな》したいけど、どうしたらいいの～？
ハァ…

質問《しつもん》をすれば会話《かいわ》が続《つづ》くよ

こんな質問《しつもん》が話《はな》しやすい！

作文《さくぶん》の宿題《しゅくだい》、
やってきた？

日曜日《にちようび》、
何《なに》してた？

夏休《なつやす》みは、
何《なに》をする予定《よてい》？

好《す》きな先生《せんせい》、
だれ？

家《いえ》、どのへん
なの？

かわいいね、
その筆箱《ふでばこ》！
どこで買《か》ったの？

友達《ともだち》のことを知《し》れたら、うれしいよね。
自分《じぶん》のことも話《はな》してみよう！

話《はな》しやすい人《ひと》って、どんな人《ひと》？

あおいちゃんは、
クラスの人気者《にんきもの》……
話《はな》していると、
「わかるよ」とか
「すごいね」って
よく言《い》う。
わらわせることを
言《い》うわけじゃないのに
会話《かいわ》がすごく楽《たの》しいの。
この魅力《みりょく》の理由《りゆう》を
研究《けんきゅう》してみるわよ！

アドバイス

魅力《みりょく》の理由《りゆう》は共感言葉《きょうかんことば》！

“話《はなし》をしていて、ホッとする”
“自分《じぶん》の気持《きも》ちを受《う》けとめてもらえた”
そう感《かん》じる理由《りゆう》は「共感言葉《きょうかんことば》」にあるかも。

こんな
共感言葉《きょうかんことば》が
あるよ！

算数《さんすう》のテスト、
100点《てん》
とれたんだ！

すごいね！

がんばったんだね

だいじなペットが
入院《にゅういん》してるの

それはつらいね

早《はや》く元気《げんき》になってね

お母《かあ》さん、
妹《いもうと》ばっかり
かわいがるん
だから！

そっか、そうなんだね

わかるよ、うちもそう

質問《しつもん》×共感《きょうかん》言葉《ことば》で、会話《かいわ》上手《じょうず》になれる

質問《しつもん》で話《はなし》がもりあがる！

はなちゃん！作文《さくぶん》の宿題《しゅくだい》やった？
なんとかね。テーマは「5年生《ねんせい》の目標《もくひょう》」だったよね
ますみんはどんなこと書《か》いてきた？
わたしは「わすれ物《もの》をしない」にしたよ
わすれっぽくってね～はなちゃんは？
わたしは「委員会《いいんかい》をがんばる」にしたんだ。こんなのでいいのかなぁ
すごい！いい目標《もくひょう》だよ～

レッツ・トライ！

相手《あいて》の気持《きも》ちに寄《よ》りそって

ねぇ、ますみちゃんきいてよ
どうしたの？
うちのお母《かあ》さん、お姉《ねえ》ちゃんとわたしをすぐくらべるんだよ
そうなんだ～
このあいだも、お姉《ねえ》ちゃんは勉強《べんきょう》も習《なら》いごともがんばってるって言《い》われてさ
わかる～！ 落《お》ちこんじゃうよね
わたしもふたごの兄《あに》がね……

チャンス！

マンガの会話《かいわ》に「質問《しつもん》」と「共感言葉《きょうかんことば》」が入《はい》っているのがわかるかな？　共感《きょうかん》したあとに、自分《じぶん》の話《はなし》もしてみるといいよ。

言《い》いにくいことを伝《つた》えたい!

ひろくん、帰《かえ》るところ?
何《なに》?
サッカーしてから帰《かえ》ろうぜ!
今日《きょう》はテレビ見《み》たいからやめとく
あっそ!
プイ
あっ
正直《しょうじき》に言《い》ったのに、何《なに》がダメだったんだろう……

第2章

アドバイス

あるとないでは大《おお》ちがい！ クッション言葉《ことば》を使《つか》ってみよう

クッション言葉《ことば》とは、言《い》いにくいことの前《まえ》にそえて使《つか》う言葉《ことば》だよ

チャック空いてるよ
ガーン

クッション言葉《ことば》を使《つか》うと……

言いにくいんだけど
チャック空いてるよ
えへへありがとう！

そうじ当番代わって！
イラッ

クッション言葉《ことば》を使《つか》うと……

悪いんだけど
そうじ当番代わって
しょうがないなぁ

ひろくんもクッション言葉《ことば》を使《つか》えばよかったね。「悪《わる》いんだけど」「どうしても」を使《つか》ってみたらどうかな？

悪いんだけど
どうしても見たいテレビがあるんだ…
そーかー じゃあまたさそうね！

言《い》いにくいこと、こう伝《つた》えた！ こう言《い》われた！

そうた

友達《ともだち》に注意《ちゅうい》をしたら……

野球合宿《やきゅうがっしゅく》の帰《かえ》りに、みんなでバスにのってたんだ。楽《たの》しくしゃべってたんだけど、友達《ともだち》のあつしの声《こえ》がだんだん大《おお》きくなってきて、まわりの人《ひと》がめいわくそうにしだしたんだよ。

それで、「言《い》いにくいんだけどさ、おまえ、声《こえ》でかいかも」ってこっそり言《い》ったんだ。そしたら、「それ、母《かあ》ちゃんからもよく言《い》われるんだよな。言《い》ってくれてありがとう」って言《い》われた。

あつしっていいヤツだなって思《おも》って、もっと好《す》きになっちゃった。

ななみ

毒舌《どくぜつ》キャラを卒業《そつぎょう》！

わたしは毒舌《どくぜつ》キャラで、思《おも》ったことをすぐ口《くち》に出《だ》しちゃってた。わたしのキャラなら「言《い》ってOK」な空気《くうき》だと思《おも》ってたし。

ある日《ひ》、体育《たいいく》の授業《じゅぎょう》で、50メートル走《そう》でころんじゃった子《こ》がいたんだよね。それを見《み》てわたしは、「こけ方《かた》、めっちゃウケる」って言《い》ったの。ころんだ子《こ》はわらってたけど、まわりはシーンとしちゃって、気《き》まずかったんだ。

そのあとの休《やす》み時間《じかん》に、親友《しんゆう》が「気《き》のせいかもしれないけど、さっきの言《い》い方《かた》、きついかも」って言《い》ってくれて。わたしは反省《はんせい》して、毒舌《どくぜつ》キャラを少《すこ》しずつやめていったの。そしたら、クラスの大人《おとな》しい子《こ》からも話《はな》しかけられるようになって、友達《ともだち》がふえたよ。

みゆう

「なーんだ」って言《い》っちゃった

このあいだ放課後《ほうかご》に、後《うし》ろの席《せき》の子《こ》が泣《な》いていたの。どうしたのってきいたら、なかよしグループの自分以外《じぶんいがい》のふたりが先《さき》に帰《かえ》っちゃったって。なんて言《い》ってあげたらいいのか、まよっちゃって「なーんだ」って言《い》ったら、怒《おこ》らせちゃった。元気《げんき》をだしてほしくて、わたし的《てき》には「大《たい》したことないよ」って意味《いみ》だったんだけど……。たしかに、落《お》ちこんでるときに、「なーんだ」って言《い》われたら、悲《かな》しいもんね。

わたしも友達《ともだち》をまってて先《さき》に帰《かえ》られてショックだったことがあるから、「気持《きも》ちはわかるけど、元《げん》気《き》だして」って言《い》えばよかったって、今《いま》では思《おも》う。

今度《こんど》、同《おな》じようなことがあったら、相手《あいて》の気持《きも》ちを考《かんが》えて、共感言葉《きょうかんことば》を使《つか》いたいな。

たくみ

約束《やくそく》したことを「やっぱりやめよう」って言《い》った

塾《じゅく》がいっしょのかいとと、「子《こ》どもだけでどこかに行《い》ってみたいよなー」っていつも話《はな》してたんだ。それで、5年生《ねんせい》になる春休《はるやす》みのときに、本当《ほんとう》に子《こ》どもだけで電車《でんしゃ》にのってちょっと遠《とお》くまで行《い》こうぜって話《はなし》になった。いつも話《はな》してたことだったから、行《い》こう行《い》こうって、超《ちょう》もりあがったよ。

でも、本当《ほんとう》に親《おや》がいなくて電車《でんしゃ》にのって遠《とお》くまで行《い》って大丈夫《だいじょうぶ》かなって、その夜《よる》に不安《ふあん》になった。それで次《つぎ》の日《ひ》に会《あ》ったとき、勇気《ゆうき》をだして言《い》ってみたんだ。「よく考《かんが》えたんだけど、やっぱりやめない？」って。そうしたら、かいともおなじように思《おも》ってたみたいで、ホッとした。「卒業《そつぎょう》するときに本当《ほんとう》に行《い》こう」って約束《やくそく》したんだ。

「きき上手《じょうず》」って、どんな人《ひと》？

パターンA
今度《こんど》の夏休《なつやす》み、ひさしぶりに旅行《りょこう》するんだ～
そうなんだ！オレはさぁ、今年《ことし》もばあちゃんちに行《い》くぜ
海《うみ》が真《ま》ん前《まえ》で刺身《さしみ》が超《ちょう》うまくてさっ
イラッ
……
パターンB
日曜日《にちようび》、水泳《すいえい》の大会《たいかい》があるんだ～
オレのさ、サッカーの試合《しあい》も近《ちか》づいてるんだよね
いよいよ来月《らいげつ》！相手《あいて》がなんと、地区優勝者《ちくゆうしょうしゃ》でさっ
イラッ
……
パターンC
じつはさ、イヌ、飼《か》いはじめたんだ
オレんちのイヌ、サクラっていうんだ
自分《じぶん》をイヌって思《おも》ってなくてさっ
イラッ
……
あれ…
プイ
プイ

アドバイス

きき上手《じょうず》になるには、質問上手《しつもんじょうず》になろう！

右《みぎ》のマンガとくらべてみよう！

パターンA

夏休みには旅行に行くんだ
どこに行くの？

パターンB

週末には水泳の大会があるんだ
いつも練習しているの？

パターンC

このあいだ犬を飼いはじめたんだ
どんな種類の犬？

自分《じぶん》の話《はなし》もいいけれど、相手《あいて》の話《はなし》をきくのが楽《たの》しい会話《かいわ》のコツ！

イエス・ノーで答《こた》えられる質問《しつもん》ではないほうが、会話《かいわ》がはずむきっかけになるよ！

伝《つた》わりやすい話《はな》し方《かた》って、どんなの？

サクラが ますみんのせいで どっか行《い》っちゃって さがしてて
ぼく、すごくあせって 見《み》つかったんだけど 公園《こうえん》が大変《たいへん》で！
？？？
オーホッ ホッホッ
ザワ
ザワ
うわー
ますみん？
桜《さくら》の木《き》がどっか 行《い》ったってこと？
ちがうよ!!
ひろくんが 話《はな》してること、意味《いみ》わかんない

アドバイス

「だれが、何《なに》をした」をちゃんと言《い》おう

「いつ、どこで、だれが、何《なに》をした」を言《い》わないと相手《あいて》に伝《つた》わりづらいよ！

相手《あいて》は、犬《いぬ》の名前《なまえ》がサクラっていうこと、
ますみんはふたごの妹《いもうと》だということを知《し》らなかったね。
だから、ますます話《はなし》が伝《つた》わらなかった。
相手《あいて》はどこまで知《し》っているか、落《お》ち着《つ》いて考《かんが》えながら話《はな》すのがポイントだよ。

いつ	どこで	だれが	何《なに》をした
きのう	公園《こうえん》で	（妹《いもうと》の）ますみんが	サクラ（という飼《か》い犬《いぬ》）の散歩中《さんぽちゅう》にリードをはなして大変《たいへん》だった。

あせらないで！
ゆっくり話《はな》して
いいんだよ

きのう、妹のますみんが
サクラっていう飼い犬の散歩中に
公園でリードをはなしちゃったんだ！
それで、ふたりでサクラをさがしまわって
大変だったんだよ！
サクラ〜！
なるほど！

友達関係《ともだちかんけい》カルタ あるある

ランドセルの
色《いろ》で気《き》になる
その性格《せいかく》

走《はし》るのが
はやいとそれで
モテるのさ

いつでもね
話《はな》せるけれど
手《て》紙《がみ》書《か》く

いっしょにいる
必要《ひつよう》あるか!?
トイレまで

いつまでも
あそんでいたい
きみとなら

休《やす》み時間《じかん》
ぽつんとするのが
怖《こわ》くって

男《だん》女《じょ》の友達《ともだち》
噂《うわさ》されちゃう
どうしても

「ペアつくれ」
おそれる我《われ》らは
三人組《さんにんぐみ》

Q.

絵《え》を見《み》てね。
a 赤《あか》い魚《さかな》、**b カバンがのっているボート**、
c 風《かぜ》にゆれている花《はな》があるよ。
それぞれに友達《ともだち》の顔《かお》を思《おも》い浮《う》かべてみて。

← 答《こた》えは、P52へ！

友達《ともだち》心理《しんり》テスト

心理テスト監修・生田目浩美。

A.

a 赤《あか》い魚《さかな》 → 性格《せいかく》がちがうけれど引《ひ》かれる相手《あいて》

あなたとこの友達《ともだち》は、考《かんが》え方《かた》がちがったり、好《す》きになるものがちがったりと、性格《せいかく》は正反対《せいはんたい》のようだけど、なんだか引《ひ》かれてしまうみたい。
もしかしたら、自分《じぶん》のできないことをさっとやっちゃうことができて、うらやましいけど尊敬《そんけい》できると思《おも》っているのかもしれないね。

b カバンがのっているボート → あなたの味方《みかた》になってくれる相手《あいて》

ボートは友達《ともだち》、カバンはあなた。カバンがぬれないようにと、ボートが守《まも》ってくれている様子《ようす》を表《あらわ》しているよ。どんなときでも、あなたを支《ささ》えてくれて、味方《みかた》になってくれるようだね。

c 風《かぜ》にゆれている花《はな》 → なんでも話《はな》せる相手《あいて》

「うん、うん」「それで？ それで？」と、体《からだ》をゆらしながらあなたの話《はなし》を楽《たの》しそうにきいてくれている様子《ようす》を表《あらわ》しているよ。
あなたはこの友達《ともだち》のことを、かくしごとをせずになんでも話《はな》せるだいじな存在《そんざい》だと思《おも》っているようだね。

第《だい》3章《しょう》

友達《ともだち》トラブル・おなやみアレコレ

みんな、なやみをかかえてる！

しょんぼりしてるけど何《なに》かあったの？
とぼ
とぼ
わたし、グループの中《なか》で浮《う》いてる気《き》がするの
ハァ…
友達《ともだち》と口《くち》ゲンカしちゃった。あやまりたいけど……
ハァ…
ふたりともなやんでるのねぇ

わたしもね……
え？
じつはぼくも……
？
わたしも
グループが
ぼくも
親友《しんゆう》が
ケンカして
いろんな子《こ》が、いろんななやみをかかえているみたいね

どのなかよしグループにも入《はい》れない

新学期《しんがっき》がはじまってもう1か月《げつ》……
次《つぎ》は音楽室《おんがくしつ》だって
いっしょに行《い》こう～
ワイワイ
ワイワイ
みんな、なかがいい友達《ともだち》ができてるのに、わたしだけできない
ぽつん…
ガヤ
ガヤ
ワイ
ワイ
ガヤ
こういうとき、ひとりで移動《いどう》するのがつらいよう……
ワイワイ
ワーワー
ガヤガヤ
とぼとぼ
このままずっとひとりだったらどうしよう……

アドバイス

あせらなくても大丈夫《だいじょうぶ》！

まだ新《あたら》しい学年《がくねん》になったばかり。
これから学校行事《がっこうぎょうじ》やグループ活動《かつどう》もあるし、
ふとしたきっかけで気《き》の合《あ》う人《ひと》が見《み》つかるかも。
こんなふうにすごしてみよう。

自分《じぶん》のペースで
トライしてみて！

ひとりの人《ひと》を見《み》つけたらチャンス！

ぽつーん
チャンス

あなたと同《おな》じように思《おも》っているかも。
声《こえ》をかけてみて。

話《はな》しかけるチャンスを見《み》つけよう

チャンス!!

近《ちか》くの席《せき》の人《ひと》や、家《いえ》が近《ちか》い人《ひと》など、
なかよくなれそうな人《ひと》はいないかな？

しばらくはひとりの時間《じかん》を楽《たの》しむのもアリ

本《ほん》を読《よ》んだり、先生《せんせい》と話《はな》したり。
ほかのクラスに遊《あそ》びに行《い》ったりしてもいいかも。

**不安《ふあん》になるのは、とってもよくわかる。
でも、あせらないで。無理《むり》をしなくていいんだよ。**

グループで仲間《なかま》はずれにされているかも……

アドバイス

本当《ほんとう》に仲間《なかま》はずれかどうか、冷静《れいせい》に考《かんが》えてみて

気持《きも》ちを伝《つた》えてみよう

「次《つぎ》はわたしも入《い》れてね」、「じつはわたしも行《い》きたいんだ」とすなおに言《い》ってみて。
今回《こんかい》のあやかちゃんの場合《ばあい》、「アイドルってきょうみない」って言《い》ったことがあったみたい。ほかの3人《にん》で、アイドルの話《はなし》でもりあがっちゃったのかも。いやだったら行《い》かなくていいし、それだけで仲間《なかま》はずれにはならないはず。

こんなふうに言《い》ってみよう

アイドルに
きょうみなかったけど、
みんなと遊《あそ》びたいから
行《い》ってみたいな
最近《さいきん》きょうみが
でてきたの
おすすめのアイドルが
いたらおしえてね

もし、悪意《あくい》を感《かん》じたら……

そのグループと距離《きょり》を置《お》いてみる方法《ほうほう》もあるよ。このグループにいなきゃいけないわけじゃないし、今《いま》いるところがすべてではない。
ほかに、自分《じぶん》に合《あ》いそうなグループがないかさがしてみるのも手《て》。

移せきします！
べー

グループに絶対《ぜったい》に
入《はい》らなきゃいけない
わけでもないよね

グループで仲間《なかま》はずれにされているかも……と思《おも》ったら

参加《さんか》メンバー

あやか

仲間《なかま》はずれにされているかも……とモヤモヤ中《ちゅう》

ゆいな

グループのりかえ経験者《けいけんしゃ》

みく

仲間《なかま》はずれにされていると思《おも》ったけど、かんちがいだった!

ゆいな

あやかちゃんは、今《いま》のグループで仲間《なかま》はずれにされてるんじゃないかって感《かん》じてるんだよね。

あやか

そうなの。今《いま》わたしは、4人《にん》グループに入《はい》っているんだけど、わたし以外《いがい》の3人《にん》でお手紙《てがみ》をまわしたり、3人《にん》で遊《あそ》んだりしてるみたいで。

みく

それはショックかも!

あやか

でも、いじわるされてるわけじゃないし、ふだんは4人《にん》ですごしたりしてるから、仲間《なかま》はずれにされてるのかどうかわからないの。

みく

じつはわたしも、あやかちゃんとおなじ経験《けいけん》をしたことがあるよ。

ゆいな

えーっ、ききたい!

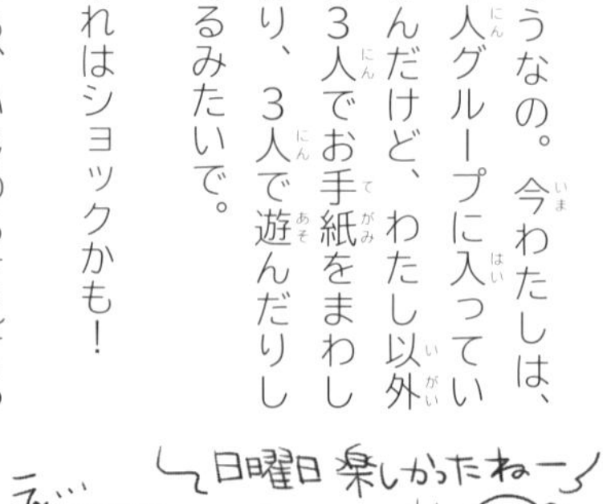

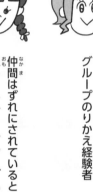

みく
わたしの場合《ばあい》は、仲間《なかま》はずれじゃなかったんだけどね。3人《にん》のグループなんだけど、わたし以外《いがい》のふたりで手紙《てがみ》のやりとりをしてたんだ……。

あやか
わたしといっしょだ！

みく
それで、ふたりが手紙《てがみ》をまわしてるときに、じょうだんっぽく「仲間《なかま》はずれにしないでよ〜」って言《い》ってみたの。

ゆいな
すごい勇気《ゆうき》だね！

みく
うん、わらって言《い》ったけどドキドキしたよ〜（笑《わらい》）。そしたらね、ふたりは家《いえ》が近《ちか》いんだけど、もうすぐ地域《ちいき》の運動会《うんどうかい》があって、その話《はなし》をしてたんだって。

あやか
そうだったんだ。

みく
うん、わたしに話《はな》してもわからないからってふたりで話《はな》してたみたい。それからは、その話《はなし》になったらわたしはきき役《やく》になってる感《かん》じ。今《いま》もなかよしだよ。

あやか
そうなんだ〜。わたしのグループも、わたし以外《いがい》の3人《にん》はアイドルが好《す》きなんだよね。

ゆいな
そういうこともあるかもしれないね。ちなみにわたしは、グループのりかえ経験者《けいけんしゃ》です。

あやか
ええ〜！

みく
そっちのほうがすごい勇気《ゆうき》だよ！

あやか
どうやってのりかえたの？

ゆいな
わたしの場合《ばあい》は、みくちゃんとちがって、グループの子《こ》たちからちょっと悪意《あくい》を感《かん》じたんだよね。

みく どんな？

ゆいな うーん、もしかしたら、かんちがいかもしれないんだけど。わたしが話《はな》しかけると、シーンとなるとか、こっちを見《み》てヒソヒソ話《はな》してる気《き》がしたりとか。

あやか それはきずつくよね……。それで、どうやってのりかえたの？

ゆいな 今《いま》のグループをとつぜんぬけてひとりになる勇気《ゆうき》はなかったから、とりあえず、移動教室《いどうきょうしつ》や休《やす》み時間《じかん》は、基本的《きほんてき》にはそのグループといっしょにすごしてた。それで、ほかに入《はい》れそうなグループがないかまわりをキョロキョロ観察《かんさつ》してたの（笑《わらい》）。

あやか うまく見《み》つかったの？

ゆいな うん。理科《りか》の実験《じっけん》のときに、ふたり組《ぐみ》のペアをつくるときがあってね。3人《にん》グループの子《こ》たちが、ひとりあまってたの。わたしのグループは5人《にん》だったから、その子《こ》とわたしで組《く》んだんだ。

みく それがきっかけになったんだね。

ゆいな その子《こ》のこと大人《おとな》しい子《こ》だと思《おも》ってたんだけど、しゃべってみたらすっごくおもしろくて！　それから、ほかのふたりともよく話《はな》すようになって、少《すこ》しずつそのグループになじんでいったの。

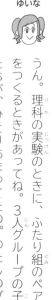

あやか
前《まえ》のグループの子《こ》たちは何《なに》か言《い》ってきた？

ゆいな
ううん、何《なに》も。最初《さいしょ》は少《すこ》し気《き》まずい気《き》がしたけど、今《いま》もふつうに話《はな》すし、ぜんぜん平気《へいき》。

みく
そんな方法《ほうほう》もあるんだね～。

ゆいな
今《いま》のグループも、ほかのグループのことも、よーく観察《かんさつ》！がポイントだよ。

あのグループいいわね！
リーダーが強そう…

この３人《にん》の経験《けいけん》をヒントにして、
自分《じぶん》なりののりこえ方《かた》を考《かんが》えてみてね。
そして、どうしてもつらいときには、保護者《ほごしゃ》や
先生《せんせい》など、話《はな》しやすい大人《おとな》に相談《そうだん》してみて。
きっと、心《こころ》がかるくなったり、解決《かいけつ》のヒントが
見《み》つかったりするはずだよ。

友達《ともだち》とケンカをしてしまった

れん
つばさ、ボールとれ！
ビュ
ドキドキ
つばさ
ああっ
ぽと
ああっ
ピーッ
はい、じゃあ今日《きょう》は赤《あか》チームの勝《か》ち～
オレだったらあのボールとれたぜ！
ちょっと手《て》がすべったんだよ
だから内野《ないや》、オレとかわれっつっただろ
うわぁ！
いってぇ！

アドバイス

落《お》ちついて、考《かんが》えてみよう

このケンカを「客観的《きゃっかんてき》に」ふりかえってみよう

ケンカとは関係《かんけい》のない人《ひと》たちから見《み》たら、どんなふうに見《み》えるか？
ということを考《かんが》えてみて。

れんは……

・おうえんしていた。
・そのつもりがなかったがプレッシャーをかけた。
・ボールをとれなかったことをせめた。
・言葉《ことば》がきつかった。
・たたかれた。
◇ミスはしかたのないことだから、**せめるのはひどい。**

ここを反省《はんせい》！

つばさは……

・プレッシャーを感《かん》じた。
・ミスをしてしまった。
・せめられてムカついた。
・ついたたいてしまった。
◇たたいたのはやりすぎ。**暴力《ぼうりょく》はダメ。**

ここを反省《はんせい》！

なかなおりするには？

客観的《きゃっかんてき》にふりかえると
見《み》えなかったことが見《み》えてくる！
今回《こんかい》はどちらにも
悪《わる》いところがあったよね

ふつうに話《はな》しかけてみる

次《つぎ》に会《あ》ったときに、勇気《ゆうき》をだしてあいさつをしたり、
話《はな》しかけたりしてみよう。
いつの間《ま》にか、なかなおりできていることもあるよ。

「ごめんね」と言《い》う

自分《じぶん》が悪《わる》かったところを言《い》って、あやまろう。
きみが全部《ぜんぶ》悪《わる》いわけではないから、
あやまりたくないかもしれないね。でも、
「たたいたのは悪《わる》かった」とか、何《なに》が悪《わる》かったか、
何《なに》に対《たい》してあやまりたいかをつけ加《くわ》えるといいよ。

この前は
ごめん…
いや
オレも…

「ごめんね」の気《き》持《も》ちを伝《つた》えるときのポイント

せっかくあやまりたい気《き》持《も》ちになったのに、うまく伝《つた》わらなかったら、なかなおりできなくなっちゃう……。
ここでは、あやまり方《かた》のコツを教《おし》えるよ！

こういうあやまり方《かた》はやめたほうがいいかも

人《ひと》づてに言《い》ってもらう

気《き》持《も》ちが伝《つた》わりづらいから、できればきみの言《こと》葉《ば》で伝《つた》えたほうがいいね。

相《あい》手《て》をせめながらあやまる

相《あい》手《て》をせめたい気《き》持《も》ちや、言《い》いたいことがあるのはわかる。でも、せっかくあやまる気《き》になったなら、相《あい》手《て》の悪《わる》かったところは、今《いま》はちょっと置《お》いておこう。

相《あい》手《て》が「ぼくもごめんね」とあやまってくれないこともある。あやまるのは、みんなにがて。そんなときは、あなたが一歩《いっぽ》大人《おとな》になって。

会《あ》ってあやまるのが一番《いちばん》だよ。気持《きも》ちが伝《つた》わりやすい！
どうしても会《あ》いづらい、なかなか会《あ》えない場合《ばあい》は……

こんなあやまり方《かた》もあるよ

メール

メールは気持《きも》ちが伝《つた》わりづらいので、すなおに、ていねいにを心《こころ》がけて。自分《じぶん》も悪《わる》かったと認《みと》める気持《きも》ちがあれば、言葉《ことば》も自然《しぜん》に出《で》てくるはず。

本当になかなおりしたいんだ!!
ポチポチ

電話《でんわ》

なかなおりできてよかった…
オレも…

顔《かお》が見《み》えないけれど、ふたりきりで話《はな》せるから、言《い》いやすいよ。

手紙《てがみ》

つばさ…

ていねいに言葉《ことば》にしてみたら、気持《きも》ちがきっと伝《つた》わるはず。

直接《ちょくせつ》言《い》えなかったときは、次《つぎ》に会《あ》ったときに、一言《ひとこと》でもいいからごめんって言《い》ってみよう。ふたりきりになったときが言《い》いやすいよ。

友達《ともだち》のじょうだんがきつい

おはよー
おはよ！おまえ今日《きょう》もデカいなぁ
わははは
休《やす》み時間《じかん》
オニごっこしようぜ！
おまえ、オニやって！
ええ～
デブだから運動《うんどう》した方《ほう》がいいだろ！
デブなんだからガンバレ～
イヤって言《い》ったら、「デブが怒《おこ》った」って言《い》われる
……
こんなの、もうイヤだ！

イヤなら「イヤ」「つらい」「やめて」と伝《つた》えよう

「空気《くうき》を読《よ》む」、「そういうキャラ」なんてことは、気《き》にしないで大丈夫《だいじょうぶ》。あなたのそのイヤな気持《きも》ちをだいじにして、相手《あいて》に伝《つた》えてみてね。

伝《つた》えるときのワンポイントアドバイス

真剣《しんけん》な顔《かお》で言《い》ってみよう

わらいながら言《い》うと、じょうだんで言《い》っているように受《う》けとられてしまうかも。真剣《しんけん》な表情《ひょうじょう》で冷静《れいせい》に伝《つた》えることがポイント。

言《い》いにくかったら、言《い》いやすい友達《ともだち》にイヤな気持《きも》ちをそっと打《う》ち明《あ》けてみるのもいいよ。

「いじり」と「いじめ」のちがいって？

きみは、「いじり」と「いじめ」のちがいって、なんだと思《おも》う？

「相手《あいて》がわらっていたら、いじり」、「からかってもOKなキャラの人《ひと》に言《い》うなら、いじり」――そんなふうに思《おも》うかもしれないね。でも、わらっていても心《こころ》は悲《かな》しんでいることがあるかもしれない。からかってもOKなキャラって、だれが決《き》めたんだろう。

たとえば、自分《じぶん》が気《き》にしていることを人《ひと》にからかわれるのって、すごくイヤだよね。言《い》われたほうはわらっているかもしれないけど、「自分《じぶん》が言《い》われたらどう思《おも》うか」を考《かんが》えてみよう。きっと、イヤだと感《かん》じるんじゃないかな。

相手《あいて》がイヤだと思《おも》っていたら、それは「いじめ」になってしまっているかも。

その人《ひと》の「キャラ」や、「空気《くうき》を読《よ》むこと」よりも、「友達《ともだち》の気持《きも》ちを考《かんが》えること」のほうが、ずーっと大切《たいせつ》だよね。

そして、「これはいじりじゃなくて、いじめ」って感《かん》じたら、気《き》づいたきみがその人《ひと》をたすけてあげてほしいんだ。それができたら、きみは、ほかの人《ひと》より先《さき》に大人《おとな》になったということだよ。

あ、4つしかない
りくは見《み》てる係《かかり》でいい？
う、うん……
あ、このチョコ4つしかないや
おまえデブだから食《た》べなくていいよな
あのさ……
ぼく、デブって言《い》われるのイヤなんだ
ゲームもしたいし、おやつも食《た》べたい
し〜ん！
そうだよな、ゲーム、オレと交替《こうたい》でやろうぜ
チョコも、オレの半分《はんぶん》やるよ
じゃ、ゲームの続《つづ》きやろうぜ！
りくが先《さき》な！
うん！でも先《さき》にチョコ食《た》べていい？
ありがとう
……
……
……

親友《しんゆう》ができない!!

わたしのなやみは、親友《しんゆう》がいないこと。
いっしょに帰《かえ》ろ
うん!
だれとでもなかよく話《はな》せるけれど、親友《しんゆう》とよべる人《ひと》はいません。わたしが考《かんが》える親友《しんゆう》の条件《じょうけん》は——
その1!
おたがいに一番《いちばん》なかがいいと思《おも》っている。
一番の親友だよ♡
その2!
休《やす》み時間《じかん》はいっしょにすごす。
トイレ行こー
うん
その3!
週末《しゅうまつ》に1日《にち》はいっしょに遊《あそ》ぶ。
公園行こー
その4!
教室《きょうしつ》から音楽室《おんがくしつ》へ移動《いどう》するときもいつもいっしょ。
音楽室
リコーダー練習したー?
そんな親友《しんゆう》がいないんです。
あっ、ちがう子《こ》とおべんとう食《た》べてる……親友《しんゆう》だと思《おも》ってたのに!

親友《しんゆう》はつくろうと思《おも》って できるものじゃないはず

「親友《しんゆう》」ってなんだと思《おも》う?

つらいときに
いっしょにいてくれる

言《い》いたいことが
言《い》い合《あ》える

心《こころ》が通《つう》じ合《あ》っていると
感《かん》じられる

ずっといっしょにいなくても
信頼《しんらい》できる

人《ひと》によって、「親友《しんゆう》」のとらえかたはちがうよ。
「親友《しんゆう》」という言葉《ことば》にとらわれずに、ひとりひとりの友達《ともだち》をだいじにしよう。

親友《しんゆう》は、きっと自然《しぜん》にあらわれるよ。今《いま》すぐじゃなくてもいいじゃない。親友《しんゆう》ってどんな関係《かんけい》なのかを考《かんが》えながら、今《いま》の友情《ゆうじょう》を大切《たいせつ》にしてみてね。

友《とも》達《だち》のたのみごとがことわれない

いつき〜! 買《か》ったって 言《い》ってたマンガ かしてよ
う、うん、いいよ
明日《あした》、もって きてくれよな
本当《ほんとう》は、かしたく ないなぁ…… でも、言《い》いづらい
ゴミ捨《す》て、やっといて!
パス!
いいよ
給食〜 風紀〜
給食委員《きゅうしょくいいん》、やってくれない?
しょうがないなぁ
今日《きょう》のマラソン、いっしょに走《はし》らない?
いいけど……
心の声
オレだって イヤなときが あるんだよ〜

アドバイス

イヤならイヤと言《い》っていい！

ことわったら、友達《ともだち》にきらわれるかもって不安《ふあん》になるよね。
でも、イヤなときはきっぱりとことわってもいいんだよ。

最後《さいご》に「ごめんね」ってつけてみるといいわ

こうすると言《い》いやすいよ

❶ 理由《りゆう》を言《い》ってことわる

マンガかして

それがあれお父さんのなんだよー

すごくだいじにしてるから、かせないんだ

遊《あそ》びに行《い》こう

今日はムりなんだよー

早《はや》く家《いえ》に帰《かえ》って来《き》なさいって親《おや》に言《い》われてるんだ

❷ 条件付《じょうけんつ》きで OK する

このあと、お姉《ねえ》ちゃんが読《よ》んでからならいいよ

今日《きょう》はだめだけど、明日《あした》ならいいよ

引《ひ》き受《う》けてあげたら、次《つぎ》はあなたがたのみやすくなるかも。「かしをつくった」なんて言《い》い方《かた》もあるよ。本当《ほんとう》にイヤなときは、脱《だつ》YES《イエス》マン！ NO《ノー》と言《い》おう。そうしたら今《いま》よりはたのまれなくなるはず。

ゴミ捨てやっといて
今日はやるけど次はお前もやれよ
いっ？

友達《ともだち》に悪口《わるくち》を言《い》われた

みゆちゃんってさぁ～
あ、かえでちゃん。わたしのこと話《はな》してる？
男子《だんし》の前《まえ》だとぶりっこだと思《おも》わない？
うんうん
えっ……
昨日《きのう》も、わたしのすきなみなとくんの前《まえ》でキャピキャピしてたんだよ
へぇ～そうなんだ
かえでちゃん、そんなこと思《おも》ってたんだ……
わたしってぶりっこなのかなぁ
友達《ともだち》だと思《おも》っていたのにショック……

かなりショックだけど……こんな行動《こうどう》はどう？

① その場《ば》に出《で》ていっちゃう！

「そんなつもりはないんだけど」と誤解《ごかい》をといてみよう。

② あとで相手《あいて》と話《はな》してみる

悪口《わるくち》を言《い》っていた相手《あいて》がひとりでいるときに、「じつはきいてたんだけど」と言《い》ってみるのも手《て》。

③ 悪口《わるくち》をきいてないフリをして、きいてみる

同調《どうちょう》していた子《こ》に、「わたしってぶりっこかなぁ」ときいてみよう。「自分《じぶん》はそんなつもりはない」と伝《つた》えて。

④ 気《き》にしない

きっとそういう子《こ》は、ほかにも悪口《わるくち》を言《い》っているのかも。たまたまあなたのことを言《い》ってただけかもしれないし、そんなに深《ふか》く考《かんが》えていないかもしれない。クールに流《なが》して相手《あいて》にしないで。

⑤ 相談《そうだん》できそうな人《ひと》に言《い》ってみる

ひとりでかかえこんでいるのはつらいよね。友達《ともだち》や保護者《ほごしゃ》など、だれかに話《はな》せば、心《こころ》が楽《らく》になるかも。

第3章

友達《ともだち》に悪口《わるくち》を言《い》われたこと、ある？

ゆうな

悪口《わるくち》を言《い》ってた子《こ》と直接対決《ちょくせつたいけつ》！

わたしは友達《ともだち》に悪口《わるくち》を言《い》われたことがあるよ。学級委員《がっきゅういいん》をやっているので、お楽《たの》しみ会《かい》のかざりつけをしているときに、みんなをしきっていたの。そうしたら、女子《じょし》のグループから、「また、ゆうなが目立《めだ》ちたがってる」って話《はな》してる声《こえ》がきこえてきたんだ。

あとから、そのグループの子《こ》のひとりに、「悪口《わるくち》言《い》ってるのきこえたけど、目立《めだ》ちたいからやってるんじゃないよ」って言《い》ったの。そしたらその子《こ》が、「ゴメン」って。勇気《ゆうき》をだして、直接《ちょくせつ》言《い》っちゃうのもありだよ！

学級委員だし!!
ゴメン…

あい

悪口《わるくち》を言《い》ってた友達《ともだち》に同調《どうちょう》してしまった

わたしは、親友《しんゆう》が言《い》っていた悪口《わるくち》に「うんうん」とうなずいちゃったことがあるんだ。

悪口《わるくち》を言《い》われていた子《こ》は転校生《てんこうせい》だったんだけど、親友《しんゆう》が帰《かえ》り道《みち》で、その子《こ》のことを「いつもにらんでくる」とか「なんかキモイ」と言《い》っていて。わたしはそんなふうに思《おも》っていなかったのに、うなずいてきいちゃってた。

そしたらなんと、うしろにその子《こ》がいたの！　きかれていたら、どうしようと思《おも》ってドキドキした。

悪口《わるくち》を言《い》われている子《こ》からしたら、わたしも親友《しんゆう》も、同《おな》じように見《み》えるよね。次《つぎ》からは、思《おも》っていないときは「そうかなぁ？」とか、言《い》ってみようって思《おも》ってるんだ。

?
ひゃっ

いろは

悪口《わるくち》は、誤解《ごかい》だった！

わたしは、友達《ともだち》に悪口《わるくち》を言《い》われたって誤解《ごかい》をしちゃったことがあるんだ。

なかよしグループの子《こ》たちが、「ありえない」とか「ムカつく」って話《はな》してて、わたしのことを言《い》っているかと思《おも》ったの。っていうのも、前日《ぜんじつ》に、遊《あそ》ぼうってさそわれたのを、塾《じゅく》を理由《りゆう》にことわってたから。その言《い》い方《かた》がきつかったかなって気《き》にしてたの。

でも、思《おも》いきって「何《なん》の話《はなし》？」ってきいてみた。そうしたら、夏休《なつやす》みの宿題《しゅくだい》が大変《たいへん》ってことを話《はな》してたんだって。わたしは塾《じゅく》に通《かよ》ってるから、勉強《べんきょう》が好《す》きだと思《おも》われてて、それでわたしのいないところで話《はな》していたみたい。かんちがいでよかった～って思《おも》ったよ。思《おも》いきってきいてみるのも、だいじだね。

ゆうと

悪口《わるくち》を言《い》われても、気《き》にしない！

オレは悪口《わるくち》とか言《い》われても、深《ふか》く落《お》ちこんだりはしない。流《なが》す。

あんまり深《ふか》く考《かんが》えずに、「あいつうぜぇ」とか言《い》ってるヤツもいるんだよな。でもべつに、そいつのことキライっていうわけじゃないらしくて、ふつうに遊《あそ》びにさそったりしてるみたい。

なんか、ノリで悪口《わるくち》を言《い》っちゃう感《かん》じなのかなぁ。

それに対《たい》して、「やめろよ」ってわざわざ言《い》う気《き》にはならないし、オレも合《あ》わせて「だよな～」とか言《い》っちゃってる。

そういうヤツを見《み》てるから、自分《じぶん》が悪口《わるくち》を言《い》われても、スルーするようになったかな。

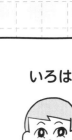

友達《ともだち》が少《すく》ない。どうしたらいい？

わたしはクラスにひとりしか友達《ともだち》がいません。
ももかちゃんじょうずー
ももかちゃんとはなかよしだけど……
ももかちゃんはほかにも友達《ともだち》がいる。
ももかちゃんゴムだんしよ！
うん
まなみちゃんは友達《ともだち》が5人《にん》。
まなみ
ことねちゃんはクラスのみんなと話《はな》せる。
ことねちゃーん
あの子《こ》も、その子《こ》も……
今日《きょう》はももかちゃんはカゼでお休《やす》みです
ええ〜！今日《きょう》は一日《いちにち》ひとりですごさなきゃ
ガク
明日《あした》は絶対《ぜったい》ももかちゃんが来《き》ますように！

友達《ともだち》は数《かず》じゃない。ひとりいるだけでステキなこと

心《こころ》が通《つう》じ合《あ》っている子《こ》がいればいい

友達《ともだち》がたくさんいても、自分《じぶん》らしくいられなかったり、あなたが楽《たの》しくなかったりしたら、意味《いみ》がない。いっしょにいてほっとするような、気《き》の合《あ》う友達《ともだち》がひとりでもいれば OK。ひとりいるだけでステキなことだよ。

あせらなくて大丈夫《だいじょうぶ》

友達《ともだち》をふやしたいなら……行動範囲《こうどうはんい》を広《ひろ》げてみよう

学校生活《がっこうせいかつ》には、友達《ともだち》ができるきっかけがたくさんある。クラスの行事《ぎょうじ》や係《かかり》、クラブ活動《かつどう》などで、いろんな人《ひと》と知《し》り合《あ》えるよ。共通《きょうつう》の話題《わだい》ができるし、そこで新《あたら》しい友達《ともだち》ができるかも。

クラスの係《かかり》

クラスの行事《ぎょうじ》

委員会《いいんかい》

クラブ活動《かつどう》

たくさんいたら
楽《たの》しい友達《ともだち》。
だけど、あせってみんなと
なかよくなろうとする
必要《ひつよう》はないわ

第3章

友達《ともだち》にウソをついてしまった

オレ、春休《はるやす》みにフランス行《い》ったんだ～
すげー！！
いいなー！！
ゆづるも、海外《かいがい》行《い》くかもって言《い》ってたけど、予定《よてい》できた？
うっ
オ、オレはさ……
いいなー！！
ゴールデンウィークにハワイに行くんだ！
行《い》ってみてー！！
おみやげたのむぜ！
お、おう！
熱海土産
熱海《あたみ》
まんじゅう
まんじゅう
かまぼこ
ウソついちゃった、どうしよう～！

アドバイス

はやめにあやまろう！ 正直《しょうじき》に言《い》おう

すなおにあやまろう

きっとみんなわかってくれる。すなおさが相手《あいて》の心《こころ》をやわらかくするよ。

行くわけじゃないのに
行きたすぎてつい言っちゃった
なーんだ
ゴメン
ごめんね！これ
熱海のお土産
うまそー！

ポイントは、「ひとつ目《め》のウソですぐあやまる」こと

ウソでウソをぬりかためないようにね。あとから自分《じぶん》の首《くび》をしめるぞ。

ハワイのどこ
行くの？
ま.
マウイ島…？
おれ、小さいとき
行ったことある！
帰ってきたら
話そうぜ！
ヤバイ…

ウソはバレる！　ウソつきのおおかみ少年《しょうねん》になっちゃうよ。
すぐにあやまれば大丈夫《だいじょうぶ》！　友情《ゆうじょう》に信用《しんよう》は大切《たいせつ》よ。

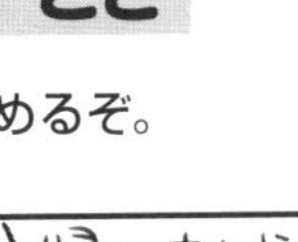

異《い》性《せい》のクラスメイトにイラッ

うちのクラスは、男女《だんじょ》のなかが悪《わる》いです。
イラ
イライラ
ヒャッホー
バタ
ワー
ドタ
ちょっと男子《だんし》ー！
そうじちゃんとやってよね！
は？
これ終《お》わったらやるし
男子《だんし》ってなんでこうなのよ
ムー
VS
ムー
女子《じょし》ってうるせーよな

アドバイス

相手《あいて》の思考回路《しこうかいろ》を知《し》れば楽《らく》になるかも

自分《じぶん》が考《かんが》える「こうあるべき」というものがくずされてしまうから、イラッとしてしまう

この考《かんが》え方《かた》のちがいについて、おたがいに知《し》らないから……

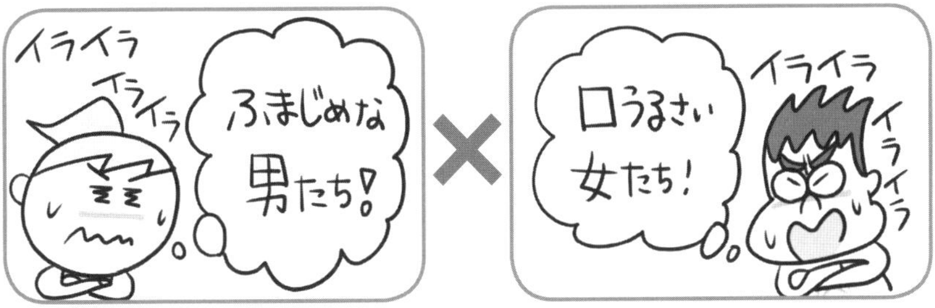

相手《あいて》の思考回路《しこうかいろ》を知《し》っていれば行動《こうどう》を予測《よそく》できるから、イラッとせずにすむかも。改善《かいぜん》してほしいことは伝《つた》えて。気長《きなが》に相手《あいて》の変化《へんか》を待《ま》とう。

学校行事《がっこうぎょうじ》のときにクラスで力《ちから》を合《あ》わせることを意識《いしき》してみよう

イラッとする相手《あいて》にも長所《ちょうしょ》はあるもの。クラスでひとつの目標《もくひょう》に向《む》かう行事《ぎょうじ》では、それに気《き》づきやすい。たとえば、しきり屋《や》はみんなを引《ひ》っ張《ぱ》っていってくれる、さわがしい子《こ》は雰囲気《ふんいき》を明《あか》るくしてくれるかもしれないね。

ちょっと変《か》わったクラスメイト……なぜ？どうしたらいい？

ぼくのクラスには、ちょっと変《か》わったしゅんくんがいる。
かずまくん、ふとってるね
ギロッ
はぁ？デブってことかよ
ぎゃーはっはっ
何《なに》おこってるのー？
デーブデーブ
や、やめなよ、あやまりなよ
この…！
しゅんくんは、ひどいことを言《い》ったり、人《ひと》がいやがることをやったり……
ムカ
ヷギギ
ムッ
ハア…
ムカ
クラス中《じゅう》からこまったヤツだって思《おも》われてる。いったいどうしたらいいんだろう？

なぜイヤなのかを具体的《ぐたいてき》に伝《つた》えつつ、大人《おとな》に相談《そうだん》してみて

「相手《あいて》の気持《きも》ちを想像《そうぞう》する」とか、
「空気《くうき》を読《よ》む」ことがとってもにがてな子《こ》がいるよ。
人《ひと》がいやがることを言《い》ったりしたりするのは、
相手《あいて》がいやがっているのをわからないからかも。

それで、しゅんくんは
「ふとってるね」って思《おも》ったことを
そのまま言《い》っちゃったのね

具体的《ぐたいてき》に伝《つた》えてみよう

かずま

ふとってるって
言《い》われると、
きずつくんだ。
言《い》わないで

ひかる

ウソをつかれると
いやな気分《きぶん》に
なるよ。やめてね

大人《おとな》に相談《そうだん》しよう

子《こ》どもだけで抱《かか》えこまないで。担任《たんにん》の先生《せんせい》や話《はな》しやすい先生《せんせい》、保護者《ほごしゃ》、スクールカウンセラーなどに相談《そうだん》しよう。
きみだけでなく、学級《がっきゅう》の仲間《なかま》、先生《せんせい》、みんなでその子《こ》のことを理解《りかい》してあげられたらいいね。

クラスのふんいきをよくして、楽《たの》しくすごしたいよね。勇気《ゆうき》をだして相談《そうだん》してみよう。

にがてな子《こ》と席《せき》がとなりになっちゃった

みんなくじを引《ひ》き終《お》わったかな?
じゃあ、それぞれの席《せき》に移動《いどう》して~
ガーッ
ガーッ
げーっ! となりの席《せき》おまえかよ~!
あ……よろしく
授業中《じゅぎょうちゅう》
あ……
バシッ
けしけし
休《やす》み時間《じかん》
しょう、外《そと》に行《い》こうぜ
おう!
ガッ
びくっ
らんぼうな しょうくんの となりなんて、ついてないよ~!!

こんな解決方法《かいけつほうほう》はどうかな？

言《い》いたいことは、できるだけ言《い》おう

イヤなことは、イヤって言《い》って大丈夫《だいじょうぶ》。理由《りゆう》といっしょに伝《つた》えてみて。

消《け》しゴムを勝手《かって》に使《つか》われたら……

かしてもいいけど、
声《こえ》をかけて！

らんぼうな動作《どうさ》も……

びっくりするんだよね。
そっと動《うご》かしてほしいな

いいところを見《み》つけてみよう

「にがて！」って決《き》めつけずに、いいところをさがしてみよう。

力仕事《ちからしごと》をやってくれる

目立《めだ》つ役割《やくわり》をやってくれる

いいところに気《き》がついたら、
そのことを伝《つた》えてほめて
みるのもいいね。
きっと相手《あいて》もうれしいはず。
関係《かんけい》がよくなると、
きみもすごしやすくなるよ

どうしてもイヤなときは……

先生《せんせい》に相談《そうだん》するのもアリだよ。そのときに注意《ちゅうい》したいのは、
きちんと説明《せつめい》できるようにすること。
「にがて」「イヤ」と言《い》うだけでは、先生《せんせい》はわかってくれないかもしれない。
話《はな》す前《まえ》に「どんなことをされていやだったのか」をメモしておくのもおすすめ。

HELP!

グループの子《こ》たちがケンカをしている どうするべき？

ここあちゃん、はるなちゃんが、またわがままいってるー、やだ～
どっちか一方《いっぽう》の味方《みかた》につきたくないし、3人《にん》でなかよくしたいのに、どうしよう～!!
ここあちゃん、今日《きょう》ふたりでいっしょに帰《かえ》ろーよ

なかよくさせようとしなくて大丈夫《だいじょうぶ》

まずはふたりのきき役《やく》になってみよう。
悪口《わるくち》は言《い》わずに、ふたりの話《はなし》をきいてみて。
無理《むり》にあやまらせようとしたり、心配《しんぱい》したりしなくても大丈夫《だいじょうぶ》だよ。

時間《じかん》にまかせてみよう

もともとなかがよかったふたり。前《まえ》に3人《にん》で
楽《たの》しくやっていた遊《あそ》びをしてみるのも手《て》。
ふとしたきっかけで自然《しぜん》になかなおりが
できるかも。
あなたがこのグループをだいじに思《おも》っている
気持《きも》ちがあれば、時間《じかん》が解決《かいけつ》してくれるはず。

HELP!

元気《げんき》がない友達《ともだち》をはげましたい

親友《しんゆう》が
落《お》ちこんでいるの……
わたしは、
どうしたらいいい？

あたたかい目《め》で見守《みまも》ろう

思《おも》いきって「どうしたの？」ってストレートにきいてみてもいいかも。
なんでもないって言《い》われたら、しつこくしないようにしてあげよう。

いつもどおりに話《はな》しかける

あなたがいつもどおりだと、相手《あいて》の気持《きも》ちが落《お》ち着《つ》くかも。

遊《あそ》びにさそってみる

楽《たの》しいことをしてみたら、元気《げんき》になれるかも。

そっとそばにいる

何《なに》もきかずにそばにいてくれたら、相手《あいて》はほっとするかも。

手紙《てがみ》にはげましたい気持《きも》ちを
書《か》いて伝《つた》えるのも、おすすめ。
でも、いろいろしてあげたい気持《きも》ちを
ぐっとがまんすることも大事《だいじ》なのよ

グッ

HELP!

親友《しんゆう》が自分《じぶん》の話《はなし》ばかりする

あのさ、すげーんだぜ、きいてよ。オレのさ
じまん
じまん
じまん
じまん
じまん
じまん
じまん話《ばなし》ばっかりで、きいていられない!
このままじゃこの子《こ》のこと、きらいになりそう……

まずはきいてあげてから、こんなかえし方《かた》をしてみて

話《はなし》を否定《ひてい》せずに、こんなふうに言《い》ってみるのはどうかな?

話《はなし》を変《か》えてみる

「そういえばさぁ」
「話《はなし》は変《か》わるんだけど」
と、話題《わだい》を変《か》えてみよう。

そういえば!

「オレの話《はなし》もきいてよ〜」と言《い》う

ストレートに、だけど
じょうだんっぽく言《い》って
みるのもいいかも。

ほかの人《ひと》に話《はなし》をふる

何人《なんにん》かで話《はな》しているときは、
「○○くんはどう?」「△△くん
は何《なに》してたの?」と言《い》ってみて
もいいね。

○○君はどう?

まずはきく耳《みみ》をもってみよう。
じまん話《ばなし》も、もしかしたら
おもしろいかもしれないし、
ほほえましく思《おも》えてくるかも。

HELP!

外国人《がいこくじん》のクラスメイトと話《はな》したい

外国人《がいこくじん》の子《こ》が転校《てんこう》してきた。
なかよくなりたいけど、何《なに》を話《はな》したらいいの？

きょうみをもったことをきいてみよう

ぼくもあのマンガすきだよ！
えっ知ってるの!?

どんどん話《はな》しかけてみよう

意外《いがい》な共通点《きょうつうてん》や、文化《ぶんか》のちがいがわかって、おもしろいはず。

こんなことをきいてみよう

- 食《た》べ物《もの》のこと
- あいさつのこと
- 生活《せいかつ》のこと
- 行事《ぎょうじ》のこと

話《はなし》がはずんで、そのまま自然《しぜん》と友達《ともだち》になれるかも！

世界中《せかいじゅう》の人《ひと》みんなと、なかよくなれる？

目《め》や肌《はだ》の色《いろ》がちがう。話《はな》す言葉《ことば》がちがう。あいさつのしかたや、食事《しょくじ》もちがう。世界《せかい》にはいろんな国《くに》があって、文化《ぶんか》や考《かんが》え方《かた》もそれぞれちがうんだ。

そんな世界中《せかいじゅう》の人《ひと》たちとなかよくなるためにだいじなことってなんだろう？

答《こた》えは、意外《いがい》とシンプル。

「相手《あいて》を尊重《そんちょう》すること」

ちがいを知《し》って、おたがいを受《う》け入《い》れられるようにすること。自分《じぶん》の文化《ぶんか》も、生《い》き方《かた》も、大切《たいせつ》にしようとすること。

いろんな人《ひと》がいることを知《し》ると、視野《しや》が広《ひろ》がる。自分《じぶん》と相手《あいて》の文化《ぶんか》や生活習慣《せいかつしゅうかん》のちがいにきょうみがわいて、それぞれの国《くに》の過去《かこ》や歴史《れきし》などについても知《し》りたくなってくる。

世界中《せかいじゅう》の人《ひと》みんなが、なかよく平和《へいわ》にくらしていけるようにするにはどうしたらいいのかな。考《かんが》えてみるだけでも、きみを成《せい》長《ちょう》させるよ。

第《だい》4章《しょう》

友達《ともだち》とのつきあいで大切《たいせつ》なこと

りょうまって
やつが同《おな》じ班《はん》に
なったんだけど
そいつがさ〜
あはは！
おもしろい
子《こ》だね〜！
ふたりとも、
クラスに友達《ともだち》が
できてきたわね
ガラ
もじもじ
ちゃん！
おかげさまで
たのしく
なってきたよ！
でも、もっと
なかよくなるには
どうしたら
いいんだろう？

ゆうたとずっと親友《しんゆう》でいられるのかなぁ
わたしは、友達《ともだち》なのにむかついたり、きらいになりそうになったりすることもあってなやんでる……
そう思《おも》えるようになってきたのは、成長《せいちょう》のあかし！
友達《ともだち》とずっとなかよくいられるヒントや、コミュニケーション力《りょく》がアップする方法《ほうほう》を教《おし》えてあげるわね
ぐん
なんだか難《むずか》しそう〜
かんたんかんたん！

友達《ともだち》がうらやましくてしかたがない

さくらちゃん、入賞《にゅうしょう》したんだね！
うん
いっしょに写生《しゃせい》したのに、さくらちゃんだけ選《えら》ばれたんだ……
○○ますみ
○○さくら
学級委員《がっきゅういいん》は、さくらさんに決《き》まりです
○○ますみ
○○さくら
○○かなこ
がんばります
パチ
パチ
パチ
うわっ
くそー
サッ
りょうたくん、かっこいい！
クラスのアイドルだね！
ねぇ きいた!?
りょうたくんってさくらちゃんがすきなんだって！
えぇっ！
なんでいつもさくらちゃんばっかり!?

アドバイス

まずは自分《じぶん》の気持《きも》ちを認《みと》めてあげよう

うらやましい、くやしい、ムカつく……。
だれだって友達《ともだち》に対《たい》してそう思《おも》ってしまうことがあるもの。
すなおになれないときもあるけど、「うらやましい」と思《おも》っていることを
自分《じぶん》で認《みと》めてあげるとスッキリするよ。

「うらやましい」「くやしい」は目標《もくひょう》をつくるヒント

学級委員になりたかった…
そうだったのか!

こんな気持《きも》ちをもったら、「なぜ自分《じぶん》はそう感《かん》じるの?」「どうしてそう思《おも》ったの?」と考《かんが》えてみよう。「こうしたかったんだ」という自分《じぶん》の本当《ほんとう》の気持《きも》ちに気《き》づくきっかけになる。

親友《しんゆう》でありライバルになれる

わたしもがんばる!
負けないわよ♡

相手《あいて》のすごさをすなおに認《みと》めると、ますますステキな友情《ゆうじょう》になるよ。もしかしたら、相手《あいて》も同《おな》じように思《おも》っているかも。いい刺激《しげき》をあたえながら、ふたりとも成長《せいちょう》できるといいね。

くやしいのはわかる!　でもこれは、あなたの成長《せいちょう》のチャンスでもある。うらやましい気持《きも》ちは、だれにでもあるものよ。

第4章

自分《じぶん》の気《き》持《も》ちをうまく伝《つた》えるには？

はやと、おそいなぁ……
3時《じ》にここで遊《あそ》ぶって約束《やくそく》だったのに
もう帰る…
ワーワー
とぼとぼ
あ！はやとだ！
あれっ、ひろくんどうしたの
今日《きょう》オレと遊《あそ》ぶ約束《やくそく》してただろ
そうだっけ！わすれてた、ごめんごめん
ぐぎぎぎ
オレは今《いま》、怒《おこ》っている……この気《き》持《も》ち、伝《つた》えたい。うまく、伝《つた》えたい……

アドバイス

いろんな気持《きも》ちを言葉《ことば》であらわして

うれしい・悲《かな》しい・楽《たの》しい・腹《はら》がたつ・つらい——いろんな気持《きも》ちをうまく言葉《ことば》にできるようになろう。

まず自分《じぶん》の気持《きも》ちを分解《ぶんかい》して整理《せいり》してみる

相手《あいて》はおなじ状況《じょうきょう》じゃないから、こちらの気持《きも》ちはわからない。どう感《かん》じたか、自分《じぶん》で自分《じぶん》の気持《きも》ちを整理《せいり》して。具体的《ぐたいてき》に伝《つた》えると◎。

楽しみにしてたんだ！
ほかのさそいをことわったほど
なのにわすれられてショックだよ！
そうだったんだ！
本当にごめん！
次は気をつける！

状況《じょうきょう》によっては、ストレートに

相手《あいて》がつきあいの長《なが》い親友《しんゆう》だったり、すんなり気持《きも》ちが伝《つた》わりそうな状況《じょうきょう》だったりしたら、ストレートに気持《きも》ちを言《い》ってみるのもアリ。

わすれるなんて
ひどい！
ごめんごめん
ゆるして！

気持《きも》ちをためこむと
つらくなるわ。
言葉《ことば》で伝《つた》えてみましょ！

アドバイス

自分《じぶん》の気持《きも》ちをこんなふうに分解《ぶんかい》して、伝《つた》えてみよう

気持《きも》ち 1

たんじょう日《び》プレゼントをもらって、うれしかった！

↓

どうしてうれしかったんだろう？

↓

自分《じぶん》の気持《きも》ちを分解《ぶんかい》！

↓

わたしのことを考《かんが》えてプレゼントをえらんでくれたことが、うれしい！

たんじょう日《び》をおぼえていてくれたことが、うれしい！

↓

それを伝《つた》えてみよう

たんじょう日をおぼえててくれてたの!?
うれしい！ありがとう！

ただ「うれしい、ありがとう」って言《い》うだけでもOKなんだけど、気持《きも》ちを具体的《ぐたいてき》に伝《つた》えたら相手《あいて》とのきずなが強《つよ》くなるわ

↓

相手《あいて》もうれしい！

気持《きも》ち 2

ちこくをされて、ムカついた！

ムカーッ

↓

どうしてムカついたんだろう？

↓

自分《じぶん》の気持《きも》ちを分解《ぶんかい》！

まっている間《あいだ》、そわそわした	この約束《やくそく》を楽《たの》しみにしていた	自分《じぶん》は時間《じかん》どおりに来《く》るために、いそいだのに
↓	↓	↓
どうしてそわそわしたのかな？	**どうして楽《たの》しみだったんだろう？**	**どうしていそいだんだろう？**
↓	↓	↓
相手《あいて》が事故《じこ》にでもあったかと心配《しんぱい》した	相手《あいて》と遊《あそ》びたかった！	待《ま》たせたら悪《わる》いと思《おも》った

気持《きも》ちを伝《つた》える
→あやまる→ゆるす
これができたら友情《ゆうじょう》は
もっと深《ふか》まるわ

こういうわけだったんだ
そうだったんだごめんね…

第4章

友達《ともだち》だったらケンカもするよね

参加《さんか》メンバー

りゅうた　友達《ともだち》とケンカ→なかなおり経験者《けいけんしゃ》

ゆり　ケンカして絶交《ぜっこう》したことがある

さえ　最近《さいきん》友達《ともだち》とケンカをして険悪《けんあく》ムード

さえ　わたし、最近親友《さいきんしんゆう》とケンカしちゃったんだけど、ふたりはケンカ経験者《けいけんしゃ》なんだよね。

りゅうた　うん。

ゆり　さえちゃんは、なんでケンカしちゃったの?

さえ　友達《ともだち》に約束《やくそく》をやぶられたの。

ゆり　それはひどいね。どんな約束《やくそく》?

さえ　ふつうに遊《あそ》ぶ約束《やくそく》だったんだけど、直前《ちょくぜん》に「おじいちゃんのおみまいに行《い》くから」って。しかたないことなんだけど……。

りゅうた　それでなんでケンカになったの?

もう○○ちゃんとは遊べない!
わたしは悪くないのに…

さえ 前《まえ》から決《き》まってた予定《よてい》だったって言《い》うの。それなら早《はや》く言《い》ってほしかったから、「もう○○ちゃんとは遊《あそ》べない」って言《い》っちゃって……。それでむこうは「わたしは悪《わる》くないのに」って言《い》ってて。

ゆり こじれちゃったんだね。

さえ ゆりちゃんは、どんなケンカだったの？

ゆり 好《す》きな人《ひと》をクラスのみんなにバラされて……。信頼《しんらい》してたから教《おし》えたのに。

りゅうた ひえ～!!

さえ ショックでしょ!?

ゆり それで今《いま》も絶交中《ぜっこうちゅう》なんだ。もう2週間《しゅうかん》ぐらい。

りゅうた あやまってもらった？

えっ!!
ゆりちゃんとしくんのこと好きなんだって
あっ

ゆり うん、すっごくあやまられたけど、うらぎられた気分《きぶん》になってるから、ゆるしてない。

さえ そうなんだぁ……。りゅうたくんは？

りゅうた じつはオレ、ケンカしてなかなおりしたことあるんだ。

ゆり すごーい！

りゅうた 運動会《うんどうかい》のリレーで、アンカーの友達《ともだち》にパスするときに、オレがバトンを落《お》としちゃったんだ……。そのせいでビリになって、友達《ともだち》に責《せ》められてケンカ。

さえ それでどうやってなかなおりしたの？

おい－!!
あっ……

りゅうた　おたがいにあやまったんだよね。そしたら、話《はな》しててわかったことがあって。

ゆり　何《なに》なに!?

りゅうた　「ふたりでクラスを引《ひ》っぱって、優勝《ゆうしょう》したかったんだ」って言《い》われて。あいつはクラスの中《なか》でもとくにオレを親友《しんゆう》だと思《おも》ってくれてたみたいで、「ふたりで何《なに》かをなしとげたかった」って。

さえ　熱《あつ》い友情《ゆうじょう》だったんだね。

おまえのせいで負けたじゃねーか!
なんだと!!

りゅうた　それで、「ついせめちゃった」って言《い》われて。オレも、あいつが一生懸命《いっしょうけんめい》だったの知《し》ってたから、自分《じぶん》に対《たい》しても腹《はら》が立《た》って、つい感情的《かんじょうてき》になって……。

ゆり　気持《きも》ちを伝《つた》え合《あ》ったんだね。

りゅうた　ケンカしたあと、ますますなかよくなれた気《き》がする。あのケンカをのりこえたんだから、ちょっとやそっとじゃ友情《ゆうじょう》がこわれない自信《じしん》があるっていうか。

ゆり　わたしもなかなおりしようかなぁ。

さえ　うん、そのほうがいいって!　わたしも人《ひと》のこと言《い》えないけど。自分《じぶん》がきずついた気持《きも》ちを伝《つた》えてみようかな。

スマン!
おまえとふたりでクラスを優勝させたかったんだよ!!
オレこそ感情的になってゴメン!!

りゅうた　意外《いがい》な返事《へんじ》がくるかもしれないしね。

さえ　今《いま》、冷静《れいせい》になってみると、「気《き》にしないで」って言《い》えばよかったなって思《おも》う。

ゆり　そうだよね。よーし、さえちゃんもあやまるなら、わたしもがんばる！

さえ　何《なに》よそれ〜！（笑《わらい》）。

第4章

気持《きも》ちを伝《つた》えるのって難《むずか》しいよね。

はずかしいって思《おも》いもある。

でも、言葉《ことば》にしないと伝《つた》わらないもの。

どんなになかがよくても、

わからないことがあるのが人間《にんげん》どうし。

ていねいに思《おも》いを伝《つた》えてみてね。

なかよしの友達《ともだち》だもん、きっと大丈夫《だいじょうぶ》だよ。

自《じ》分《ぶん》の考《かんが》えの上手《じょうず》な伝《つた》え方《かた》って?

次《つぎ》のお楽《たの》しみ会《かい》で、何《なに》をしたらいいと思《おも》いますか?
みんなでできることがいいと思《おも》います
ドッジボールは、にがてな子《こ》が楽《たの》しめないと思《おも》います
雨《あめ》の日《ひ》でもできるものを考《かんが》えた方《ほう》がいいと思《おも》います
う～ん……
ひろくんは何《なに》をしたらいいと思《おも》いますか?
ぼくは、すもうがしたいです。最近《さいきん》ハマってるんだ
楽《たの》しいし、だんだんうまくなっていきます
あと、この日《ひ》はおかしを持《も》ってきてOKにしたい!
し〜〜ん

アドバイス

何《なに》を質問《しつもん》されているか、しっかりきいて答《こた》えよう

質問《しつもん》とズレたこと、答《こた》えていないかな？　自分《じぶん》の話《はなし》にしちゃってない？

話《はなし》をしっかり理解《りかい》しよう

この場合《ばあい》、「クラスのお楽《たの》しみ会《かい》にふさわしい遊《あそ》び」をきかれているよね。
話《はな》し合《あ》いで課題《かだい》になっていることは、

- みんなで楽《たの》しめること
- 運動《うんどう》がにがてな子《こ》でも楽《たの》しめること
- 雨《あめ》の日《ひ》でもできること

どこがいけなかったのかな？

NG!

ぼくは すもうが
したいんです！
最近 はまって
るんだ！

OK!

すもう大会は どうだろう！
運動が苦手な人も おうえん
して楽しめると思う。
さらにできれば おかしを…

自分《じぶん》がすきなことや、やりたいことを提案《ていあん》するのはべつに悪《わる》くない。でも、どうしてそれがよいと思《おも》うのかをきちんと言《い》えないと、ただ自分《じぶん》がやりたいから言《い》っているみたいにきこえるよ。
質問《しつもん》の意味《いみ》を理解《りかい》していない意見《いけん》だと受《う》けとられてしまう。

こんなふうに伝《つた》えればよかったね。次《つぎ》のページでくわしく見《み》てみましょ！

意見《いけん》の言《い》い方《かた》は、「〇〇だと思《おも》います。なぜなら、△△だからです」が基本《きほん》！

❶ 結論《けつろん》から言《い》うとわかりやすい

❷ 次《つぎ》に理由《りゆう》を整理《せいり》して言《い》おう

理由《りゆう》1
やってみると
意外《いがい》と
楽《たの》しいんです

理由《りゆう》2
経験《けいけん》のない
人《ひと》でも
大丈夫《だいじょうぶ》です

理由《りゆう》3
運動《うんどう》がにがてな子《こ》は
おうえん係《がかり》になって、
見《み》て楽《たの》しむことも
できます

理由《りゆう》4
今《いま》までお楽《たの》しみ会《かい》
などでやったことが
ないから新鮮《しんせん》です

ひろくん、これできちんと意見《いけん》が言《い》えるようになったね。
意見《いけん》の最後《さいご》にもういちど結論《けつろん》を言《い》うようにすると、
さらに伝《つた》わりやすくなって、印象《いんしょう》にも残《のこ》りやすくなるよ。

にがてな人《ひと》とのかかわり方《かた》

こんどは どんな席《せき》かな～
ガー
ガー
ガー
よろしく～
ガー
ムハッ
いばりんぼうの あけみちゃん!
おう
ノリがわるい れおくん!
ふん
やたらとうるさい りゅうすけくん!
ますみん オレと同じ班とは 幸せものだなー!
うひょー
ふん
うちの班《はん》、最悪《さいあく》なんですけど～!!

いやなヤツって、決《き》めつけちゃってない？

ちがう視点《してん》から見《み》てみると、短所《たんしょ》だと思《おも》っていたところが長所《ちょうしょ》に変《か》わることがあるよ。あたたかい目《め》でもういちど見直《みなお》してみて。

ますみん

ピンチのときは
たよらせて
もらおう

いばりんぼう ●●●●●●●●●●●●▶ **たよりがいがあるかも**

ますみん

お調子者《ちょうしもの》じゃないってことは、いいこと。トラブルのときに落《お》ち着《つ》いた行動《こうどう》をしてくれそうよね

ノリが悪《わる》い ●●●●●●●●●●●●▶ **冷静《れいせい》な意見《いけん》をくれるかも**

ますみん

いなくなったら、
なんか
さみしいかも

うるさい ●●●●●●●●●●●●▶ **明《あか》るいムードメーカー**

長所《ちょうしょ》と短所《たんしょ》はうらおもてになっていることがよくあるのよ。いいところを見《み》つけてみてね

第4章

イヤなこと言《い》われちゃった……上手《じょうず》なかえし方《かた》って？

ますみん、ますみん、『片思《かたおも》いキラリ』の新《あたら》しい巻《かん》読《よ》んだ？
何《なに》それ？マンガ？
え、知《し》らないの!? ますみん、おくれてるね
えへへ……
デズピュー遊園地《ゆうえんち》にまた行《い》くんだけど、おみやげ買《か》ってくる！
いいな、わたし行《い》ったことないよ
えー、1回《かい》もないの!? ありえなーい！
ズサーッ
う、うん……
ますみん、その髪型《かみがた》ヘンだよ
プルプル
わーん!!
みんな、ひどい！
バン
えーっ、なんだよう!!

アドバイス

こんなふうにかえすのはどうかな?

「片思ぃキラリ」
知らないの〜!?

うん。それ、おもしろいの?
かしてほしいな〜。
わたし、マンガなら『ドクタージャック』を持《も》ってるから、
よかったらかすよ。おススメだよ

ますみん

デズピュー遊園地
行ったことないの!?

うん。○○ちゃん、
うらやましーい。
わたしも行《い》ってみたいよ〜。
何《なに》が一番楽《いちばんたの》しかったか教《おし》えて〜♪

ますみん

髪型ヘンだよ!

ひどーい、そんなこと
言《い》わないでよ〜

どうしたらよくなるかなぁ?

ますみん

内心《ないしん》はきずつくよね……。こういうときは、相手《あいて》に解決方法《かいけつほうほう》を言《い》ってもらうように、質問《しつもん》でかえすのも手《て》だよ。

ズキッ

第4章

わらいあり！ なみだあり！ 感動《かんどう》♪ 合唱《がっしょう》コンクール

もうすぐ合唱《がっしょう》コンクール。ますみんのクラスの様子《ようす》は……
合唱委員《がっしょういいん》は、ますみんでいいな
はい、がんばります
本番《ほんばん》はすぐ！朝《あさ》や休《やす》み時間《じかん》も練習《れんしゅう》よ！
明日《あした》は朝《あさ》8時《じ》から練習《れんしゅう》しましょう
翌朝《よくあさ》……
なかなか集《あつ》まらないね
一生懸命《いっしょうけんめい》練習《れんしゅう》してきたのに
ちゃんとならんでよっ
もうてきとうに歌《うた》おうぜ！
明日《あす》をさがそう〜♪

1

1組《くみ》も2組《くみ》も
7時《じ》59分《ふん》には
集合《しゅうごう》している
このままだと
うちのクラスの
優勝《ゆうしょう》する可能性《かのうせい》は
0%《パーセント》に近《ちか》い……
イラッ
……
カチ
おはよー
だらだら
ちょっと
しゅりくん、おそい!
指揮者《しきしゃ》でしょう?
朝練《あされん》なんて
しんどくね?
おう
そうだよなぁ
しーーん
……
次《つぎ》は昼休《ひるやす》みです!
また音楽室《おんがくしつ》に
集《あつ》まってください!
ゾロゾロ
ますみん
短所《たんしょ》は長所《ちょうしょ》の
うらがえしってこと、
思《おも》い出《だ》して!

タタタ
ガチャ
どうしたら いいんだろう
ハァ…
ますみちゃんってさ〜
ひとりで はりきりすぎ じゃない?
前《まえ》から 思《おも》ってたけど、 しきり屋《や》だよね
!
ずーん
ぶわっ
そんなぁ……
悪口《わるくち》を言《い》われたら どうしたらいい? 76ページで おさらいよ!

どんより
ますみん、ちょっと
何《なに》？
練習《れんしゅう》は昼休《ひるやす》みだけにするのがいいと思《おも》うんですよね
自分《じぶん》の意見《いけん》の言《い》い方《かた》、いいわね！
朝起《あさお》きるのがにがてな子《こ》もいるし、放課後《ほうかご》は習《なら》いごとがある子《こ》もいるでしょう
長時間《ちょうじかん》ダラダラ練習《れんしゅう》するよりも、昼休《ひるやす》みに集中《しゅうちゅう》してみてはどうかと
20分休《ぷんやす》みに遊《あそ》びたい男子《だんし》から、もんくも出《で》ませんし
ニコッ
ノリが悪《わる》そうに見《み》えたけれど、こんな冷静《れいせい》な意見《いけん》をくれる子《こ》だったわね。
笑った…
うん、そうしてみる！
じーん

昼休《ひるやす》み……
ちゃんとやろうよ〜
ジャーン
ワイワイ
ガヤガヤ
7
6
まじめにやろうよ
わたし、みんなの歌声《うたごえ》をきれいにきかせたいから、一生懸命練習《いっしょうけんめいれんしゅう》したの。だからちゃんと歌《うた》ってくれないと悲《かな》しい
自分《じぶん》の気持《きも》ち、うまく伝《つた》えられているわ!
わたしも、このクラスのことが好《す》きだから、しきるのにがてだけど、思《おも》い出《で》がつくりたくてがんばったんだ
ますみんもいいわね!
5
そうだったのか……ふたりとも、ごめんな
ごめんね
4
3
よし、オレたちもちゃんとやろう!
ラー
ラー
ラー
2
1
しゅりくんはリーダータイプみたいね。

トラブルをのりきって、クラスがひとつになれたね。いろんな子《こ》の個性《こせい》が生《い》かされて、とってもすてきな合唱《がっしょう》コンクールになったと思《おも》うわ。

なやみの9割《わり》は、人間関係《にんげんかんけい》!?

オーストリア出身《しゅっしん》の精神科医《せいしんかい》、**アルフレッド・アドラー**（1870年《ねん》〜1937年《ねん》）。
彼《かれ》は、「人間《にんげん》のなやみはすべて対人関係《たいじんかんけい》のなやみである」と考《かんが》えた。人《ひと》はひとりではなく、ほかの人《ひと》とかかわって生《い》きている。だから、行動《こうどう》や言葉《ことば》は、それが向《む》けられる「相手《あいて》」がいてなりたっているんだ。アドラーの考《かんが》え方《かた》を元《もと》にみんなへアドバイスを送《おく》るよ！

他人《たにん》を気《き》にしないで

ほかの人《ひと》に好《す》かれたいと思《おも》ってばかりいると、不自由《ふじゆう》な生《い》き方《かた》になってしまう。

失敗《しっぱい》をおそれないで

人《ひと》からどう思《おも》われるかを気《き》にしていると、チャンスを逃《のが》してしまうかも。

あなたは他人《たにん》の期待《きたい》を満《み》たすために生《い》きているんじゃない

自分《じぶん》のしたいことをして生《い》きよう。他人《たにん》とぶつかって「わがままだ」ととられるようなことがあったら、調整《ちょうせい》すればいいだけ。

他人《たにん》もあなたの期待《きたい》を満《み》たすために生《い》きてはいない

他人《たにん》の行動《こうどう》が気《き》に入《い》らないとしても、その人《ひと》はあなたのために生《い》きてるわけじゃないんだ。

「わからない」と思《おも》ってつきあってみる

相手《あいて》のことを100%《パーセント》理解《りかい》することは不可能《ふかのう》。「わからない」と思《おも》っておくほうが、理解《りかい》しようと努力《どりょく》ができる。

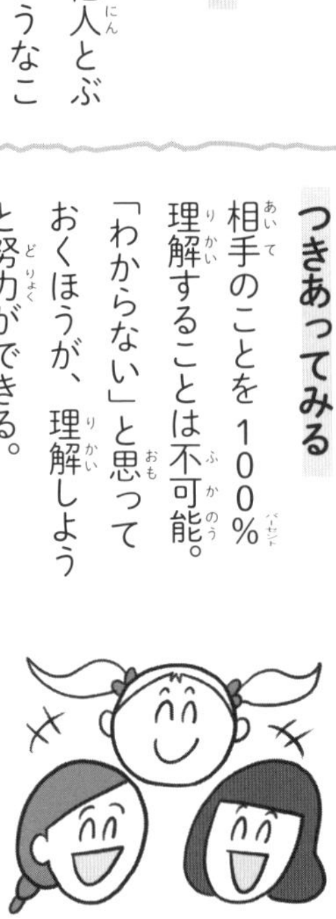

（参考）『アドラー心理学入門』（岸見一郎・著、ベストセラーズ）

第《だい》5章《しょう》

先輩《せんぱい》たちからのメッセージ

先輩《せんぱい》たちが、あのころをふりかえると……

無理《むり》しなくても
いいって
言《い》っていたけど、
いい友達《ともだち》が
できたわね！
うん！
楽勝《らくしょう》、
楽勝《らくしょう》！
でも、クラスで
ひとりぼっちの子《こ》もいるし、
グループが変《か》わって
いったりしているし……
この先《さき》、どうなるんだろう
もじ
もじ
すぐ
ネガティブに
なるよね……
たしかに言《い》われてみると……
大人《おとな》になっても、
ゆうたたちとずっと
友達《ともだち》でいられるのかなぁ
ね！
心配《しんぱい》でしょ！
大丈夫《だいじょうぶ》だよ！
心配《しんぱい》しないで！

ジャーン!!
え？何《なに》？
わたしたち大人《おとな》も、昔《むかし》は子《こ》どもでした！
わたしたちの小学校時代《しょうがっこうじだい》の話《はなし》、ききたい？
ききたいききたい！
ふふふ、親友《しんゆう》との出会《であ》いは14年前《ねんまえ》……
あれ
わーい！
親友《しんゆう》と今《いま》はどうしているの？
次《つぎ》のページから教《おし》えてあげるね

第5章

小学校《しょうがっこう》のときの親友《しんゆう》は、大人《おとな》になっても親友《しんゆう》！

はじめ（24歳《さい》）
会社員《かいしゃいん》

サッカー少年《しょうねん》だった小学校《しょうがっこう》時代《じだい》。ゆたかはオレの親友《しんゆう》で、ふたりして地域《ちいき》のサッカークラブに入《はい》っていたんだ――

オレとゆたかは、サッカーでも相性《あいしょう》ばつぐん。
ゆたか！
ナイスはじめ！
バシッ
明日《あした》の試合《しあい》、勝《か》つぜ！
おう！
中学校《ちゅうがっこう》は、べつべつの学校《がっこう》に。練習試合《れんしゅうじあい》で見《み》かけるくらいで、ほとんど会《あ》わなくなった。
よっ
よっ
だれー？
高校《こうこう》では、軽音楽部《けいおんがくぶ》に入部《にゅうぶ》。ゆたかのことはほとんどわすれてすごした。
また～ひ～がのぼ～る～

でも、ぐうぜん！同《おな》じ大学《だいがく》に入学《にゅうがく》
あれ、ゆたか!?
はじめ!? 超《ちょう》ひさしぶり!!
サッカー、今《いま》でもしてんのか!?
もちろん！サークルに入《はい》るぜ
はじめ！またいっしょにサッカーやろう!!
大人《おとな》になった今《いま》も親友《しんゆう》。
週末《しゅうまつ》にフットサルをいっしょに楽《たの》しんでるよ！
はじめ！
ナイスゆたか！

ずーっといっしょにいなくても、親友《しんゆう》は親友《しんゆう》のままなんだね。大人《おとな》になっても、好《す》きなことがいっしょなら、きっとまた変《か》わらずに会《あ》えそうね。

無理《むり》して友達《ともだち》をつくらなくても大丈夫《だいじょうぶ》

しょうこ（27歳《さい》）
芸能人《げいのうじん》マネージャー

わたしは、ますみんたちのご近所《きんじょ》さん。芸能界《げいのうかい》で働《はたら》いているせいか、ますみんたちからあこがれられてるみたいだけど……小学校《しょうがっこう》のときは、「ザ・暗《くら》い子《こ》」だったの――

わたしの仕事《しごと》は、某《ぼう》アイドルのマネージャー。
しょうこさんすてき～
ツカツカ
○○テレビ10時入りですね！
好《す》きな仕事《しごと》ができて、毎日《まいにち》充実《じゅうじつ》しているわ。
ぽつん
でも、小学生時代《しょうがくせいじだい》は、いつもひとりでいる子《こ》だったの。
しゅみは、アイドル。友達《ともだち》がいなくても、
マイキス
マイキスのウラガワ
スゴイネ…
ヒソ ヒソ…
しゅみの世界《せかい》にいると幸《しあわ》せだった。

高校《こうこう》に入《はい》ったら、しゅみが合《あ》う友達《ともだち》ができたけど――
しょうこ、マイキスのライブ予約《よやく》取《と》れた？
マイキス論
うん、昼《ひる》と夜《よる》の2公演《こうえん》行《い》くよ！
いつもいっしょにいるわけではなかったわ。
友達《ともだち》ができなくてなやんだ時期《じき》もあったけど……
ライブ最終日《さいしゅうび》！はりきっていこ！
おー!!
自分《じぶん》らしくやってきてよかったと思《おも》う。
ガンバレー!
ひとりでいることが楽《たの》しい人《ひと》は、無理《むり》をしなくてもいいって、わたしは思《おも》うわ。

アイドルだけじゃなくて、音楽《おんがく》や映画《えいが》が友達《ともだち》がわりだったという人《ひと》って意外《いがい》といるみたい。がんばって友達《ともだち》をつくろうとしなくても大丈夫《だいじょうぶ》なのかもね。肩《かた》の力《ちから》をぬいていこう！

第5章

高校《こうこう》に入《はい》って出会《であ》った仲間《なかま》が親友《しんゆう》に！

あゆみ（20歳《さい》）大学生《だいがくせい》

小学校《しょうがっこう》、中学校《ちゅうがっこう》時代《じだい》、友達《ともだち》関係《かんけい》は広《ひろ》く浅《あさ》くって感《かん》じで、本当《ほんとう》の意味《いみ》での友達《ともだち》はひとりもいなかったの。でも高校《こうこう》に入《はい》ってー

わたしは、小学校《しょうがっこう》でも中学校《ちゅうがっこう》でも、友達《ともだち》ができなくて……
おはよー
おはよー
ひとりぼっちではなかったけど、
親友《しんゆう》とよべる子《こ》がいなかった。
3人組《にんぐみ》つくって！
あ…
えーと
いいよわたしは…
それがずっとなやみだった。
高校《こうこう》で入《はい》ったバスケ部《ぶ》。
走《はし》りこみ10周《しゅう》！
ハイ!!
ダダー
練習《れんしゅう》がきびしすぎて、つらかったけど……

あっ！
あゆみ、マヌケ！本気《ほんき》だせ！
部員《ぶいん》どうしの絆《きずな》が強《つよ》まってはじめて本当《ほんとう》の友情《ゆうじょう》を知《し》った。
気《き》にしない！
ぐすん
あゆみは、がんばれるってわかってるから言《い》ったんだよ
明日《あした》の試合《しあい》、絶対《ぜったい》負《ま》けないぞ
オー！
仲間《なかま》とは、卒業《そつぎょう》をした今《いま》でも親友《しんゆう》！

小《しょう》・中学校《ちゅうがっこう》で友達《ともだち》ができなくても、心配《しんぱい》しないで。

高校《こうこう》、大学《だいがく》、社会人《しゃかいじん》……この先《さき》の人生《じんせい》は長《なが》いもの。

どこかで、心《こころ》が通《つう》じ合《あ》う友達《ともだち》ができればいいと思《おも》うわ。

心《こころ》がつながっていれば、ずっと親友《しんゆう》だよ

先輩《せんぱい》の話《はなし》をきいたら、ほっとしたね
オレも、ゆうたとずっと親友《しんゆう》でいられるようにしたいな
これからはどんなトラブルがあっても自分《じぶん》たちでのりこえていけそうね
うん!!
あれ？なんか色《いろ》がうすくなってない？
わたしが教《おし》えられることは、もうなくなったみたいね
わたしはまたべつのもじもじしたお友達《ともだち》のところへ行《い》くわ

えー！
さみしいよ!!
せっかく
なかよく
なれたのに！
わたしたち、
親友《しんゆう》でしょ！
もちろんよ。
ほら、
前《まえ》に教《おし》えたことを
思《おも》い出《だ》して
いっしょに
いるからって
親友《しんゆう》とはかぎらない
心《こころ》と心《こころ》が
つながっていれば、
ずっと親友《しんゆう》……！
そう！
だから
きっとまた
会《あ》えるわ！
パッ
もじもじちゃん
ありがとう！
絶対《ぜったい》、
また
会《あ》おうね！
うわーーん
？
？？
？

おわりに

もじもじちゃんたちといっしょに、みんなのなやみやモヤモヤは解決《かいけつ》できたかな？
友達《ともだち》をつくってなかよくするって、
大人《おとな》になってもけっこう難《むずか》しいことだったりする。
それに、大人《おとな》になると友達《ともだち》をゆっくりつくる機会《きかい》って少《すく》なくなりがち。
だから、子《こ》どものうちに、ひとりでもなかのいい友達《ともだち》ができたら、それは宝物《たからもの》になるよ。
今《いま》、きみがかかわっているのは、同《おな》じ年齢《ねんれい》で同《おな》じ学校《がっこう》にかよっている人《ひと》が中心《ちゅうしん》だよね。
でも、年《とし》を重《かさ》ねるごとに、ちがう年齢《ねんれい》、環境《かんきょう》の人《ひと》と
かかわることが増《ふ》えていく。
外国人《がいこくじん》の友達《ともだち》ができたり、おどろくほど年《とし》のはなれた
親友《しんゆう》ができたりすることも、おおいにありえるんだ。
だから、将来《しょうらい》できる友達《ともだち》に期待《きたい》もしながら、
今《いま》の友達《ともだち》を大切《たいせつ》にして、学校生活《がっこうせいかつ》を楽《たの》しんでみてね。

相談《そうだん》窓口《まどぐち》情報《じょうほう》

この本《ほん》を読《よ》んで、なやんでいるきみの心《こころ》が楽《らく》になったり、
解決《かいけつ》への希望《きぼう》が見《み》えてきたりするようだとうれしい。
もし、つらい気持《きも》ちからなかなかぬけだせない、
まわりに相談《そうだん》できる人《ひと》がいないなら、
子《こ》どものための相談窓口《そうだんまどぐち》に電話《でんわ》してみるのも手《て》だよ。
ちょっと勇気《ゆうき》がいるかもしれないけど、相手《あいて》は慣《な》れているし、
相談内容《そうだんないよう》の秘密《ひみつ》は守《まも》ってくれるから心配《しんぱい》ない。
電話《でんわ》では、自分《じぶん》の名前《なまえ》や学校名《がっこうめい》を伝《つた》えなくてもいいよ。
自分《じぶん》を助《たす》けるために、一歩前《いっぽまえ》へふみだして。

・24時間《じかん》子供《こども》SOS《エスオーエス》ダイヤル　0120-0-78310《なやみいおう》

＊受付時間《うけつけじかん》：夜間《やかん》・休日《きゅうじつ》をふくめていつかけても OK

いじめにかぎらず子《こ》どもの SOS《エスオーエス》を受《う》けとめる窓口《まどぐち》。
原則《げんそく》として電話《でんわ》をかけた場所《ばしょ》の教育委員会《きょういくいいんかい》の相談機関《そうだんきかん》につないでくれる。

・子《こ》どもの人権《じんけん》110番《ばん》　0120-007-110《ぜろぜろななのひゃくとおばん》

＊受付時間《うけつけじかん》：平日午前《へいじつごぜん》8時《じ》30分《ぷん》から午後《ごご》5時《じ》15分《ふん》まで
（12月《がつ》29日《にち》～1月3日《がつみっか》はお休《やす》み）

法務局《ほうむきょく》・地方法務局《ちほうほうむきょく》の職員《しょくいん》、または人権擁護委員《じんけんようごいいん》が話《はなし》をきいて、
どうしたらいいかいっしょに考《かんが》えてくれる。
インターネットでの相談《そうだん》も受《う》け付《つ》けている。
http://www.jinken.go.jp/（法務省《ほうむしょう》インターネット人権相談受付窓口《じんけんそうだんうけつけまどぐち》　SOS-e《エスオーエスイー》メール）

・チャイルドライン　0120-99-7777

＊受付時間《うけつけじかん》：毎週月曜日《まいしゅうげつようび》から土曜日《どようび》の午後《ごご》4時《じ》から午後《ごご》9時《じ》まで
（12月《がつ》29日《にち》～1月3日《がつみっか》はお休《やす》み。地域《ちいき》によっては日曜日《にちようび》もかけられる）

18歳《さい》までの子《こ》どものための相談窓口《そうだんまどぐち》。思《おも》いを話《はな》すことで楽《らく》になれるよう、
気持《きも》ちを受《う》けとめてくれる。話《はなし》をきくのは「受《う》け手《て》」とよばれる
ボランティアの大人《おとな》たち。

・通話料《つうわりょう》は無料《むりょう》。携帯電話《けいたいでんわ》（スマートフォン）、公衆電話《こうしゅうでんわ》からも無料《むりょう》。公衆電話《こうしゅうでんわ》から
かけるときは、最初《さいしょ》にお金《かね》を入《い》れて。通話《つうわ》が終《お》わるとお金《かね》はもどってくる。
・IP電話《アイピーでんわ》（050で始《はじ》まる番号《ばんごう》）ではつながらないことがある。
「子《こ》どもの人権《じんけん》110番《ばん》」は、IP電話《アイピーでんわ》からかけられる番号《ばんごう》がある（通話料《つうわりょう》は有料《ゆうりょう》）。

※電話番号《でんわばんごう》、アドレス、サービス内容《ないよう》は、2017年《ねん》11月現在《がつげんざい》のものです。変更《へんこう》になる可能性《かのうせい》もあります。

監修　北川雄一

1980年生まれ。日本体育大学体育学部卒。現在、江戸川区立上小岩第二小学校、主任教諭。大学在学中から野外教育、冒険教育、ファシリテーション等を学び、それらを生かしたクラスづくり、授業づくりに力を入れている。

文　梶塚美帆

1986年宮城県生まれ。編集者、ライター。子ども向け書籍専門の編集プロダクションに勤務し、絵本や児童書の企画・制作を担当。約40冊を手掛ける。現在はウェブ媒体や子供向けの書籍を中心に、執筆や編集をおこなっている。

絵　つぼいひろき

1976年東京都生まれ。成蹊大学法学部卒業。大学在学中にはプロボクサーとしてリングに上がる。卒業後、共同印刷入社。渋谷アートスクールに入学しイラストを学ぶ。その後、共同印刷を退社、フリーのイラストレーターとなる。絵を担当した書籍に『超爆笑100連発！ お笑い天国』『絶対ダマされる!! ひっかけ&10回クイズ』（ともにポプラ社）など。

編集協力　長井亜弓
作画協力　とげとげ、空《そら》兎《うさぎ》羽《は》留《る》
編集協力　生田目浩美。

なやみと～る ①　**友だち関係のなやみ**

2018年1月31日　第1刷発行
2023年2月15日　第3刷発行

監修　北川雄一
文　梶塚美帆
絵　つぼいひろき
発行者　小松崎敬子
発行所　株式会社岩崎書店
〒112-0005 東京都文京区水道 1-9-2
03-3812-9131（営業）03-3813-5526（編集）振替 00170-5-96822
印刷所　三美印刷株式会社
製本所　株式会社若林製本工場
装丁・本文デザイン　吉沢千明

Published by Iwasaki Publishing Co., Ltd. Printed in Japan
NDC159 ISBN 978-4-265-08601-6

●ご意見・ご感想をお寄せください。 E-mail info@iwasakishoten.co.jp
●岩崎書店ホームページ https://www.iwasakishoten.co.jp

新しい友達をたくさんつくるのが楽しみです!!
友達募集《ぼしゅう》中

ドキ
ドキ

〔ききめ〕
おなやみ解決・はげまし

なやみと～る

1. 友《とも》だち関係《かんけい》のなやみ
2. 恋愛《れんあい》のなやみ
3. 転校生《てんこうせい》のなやみ
4. 運動《うんどう》のなやみ
5. ネット・SNSのなやみ

〈全5巻〉